AF341755

LEÇONS DE CHOSES

*Rédigées conformément aux programmes officiels
du 31 mai 1902*

CLASSE DE HUITIÈME

PAR

R. VALETTE

Professeur au lycée Buffon.

AVEC 213 GRAVURES DANS LE TEXTE

Deuxième édition.

PARIS

HENRY PAULIN ET Cie, ÉDITEURS

21, RUE HAUTEFEUILLE, 6e

—

1910

Prix du volume, cartonné à l'anglaise. . . . . 2 fr 25

LEÇONS DE CHOSES

LEÇONS DE CHOSES

Rédigées conformément aux programmes officiels
du 31 mai 1902

CLASSE DE HUITIÈME

PAR

R. VALETTE

Professeur au lycée Buffon.

AVEC 213 GRAVURES DANS LE TEXTE

Deuxième édition.

PARIS

HENRY PAULIN ET Cie, ÉDITEURS
21, RUE HAUTEFEUILLE, 6e

1910

PROGRAMME DU 31 MAI 1902

1° Animaux.

Animaux domestiques. — Bœuf, Vache, Mouton, Chien, Chèvre, Chameau, etc. — Services qu'ils nous rendent.

Animaux sauvages. — Gibier : Lièvre, Chevreuil, Cerf, Sanglier, etc. — Fourrures : Castor, Loutre, Renard, etc. — Animaux féroces : Lion, Tigre, Loup, Ours, etc.

Oiseaux. — Domestiques : Poule, Canard, Pigeon, etc. — Chanteurs : Rossignol, Fauvette, etc. — Rapaces : Aigle, Vautour, Hibou, etc. — Migrateurs : Cigogne, Caille, Hirondelle, etc. — Les nids. — Utilité des oiseaux.

Poissons. — La Carpe, le Hareng, etc.

Insectes. — Mouche, Abeille, Fourmi, Sauterelle, Hanneton, Papillon, Ver à soie, etc.

2° Végétaux.

La forêt. — Un arbre : racines, tronc, branches, feuilles, fleurs, fruits. — Le bois : le bûcheron, le charbonnier, le sabotier, le menuisier, le charpentier.

Les champs. — Le Blé, la Vigne, la Betterave, etc. — Le labour, la récolte. — Les prairies, le foin.

Le jardin. — Les outils : bêche, râteau, etc. — Les fleurs, les fruits. — Les légumes : Pommes de terre, Haricots, etc.

Le grenier. La cave. La grange. Le cellier.

PRÉFACE

Ce volume de *Leçons de Choses* est destiné aux élèves de la classe de *Huitième*. En le rédigeant, on s'est constamment inspiré des instructions officielles du 31 mai 1902, et on a suivi pas à pas le programme de la classe de Huitième. Il comprend deux parties : *Animaux* et *Végétaux* ; chaque partie renferme dix-sept leçons.

En ce qui concerne les animaux, on n'a pas oublié qu'il s'agit surtout de leçons de choses ; aussi s'est-on attaché à décrire chacun d'eux, de manière à le bien faire connaître ; on s'est efforcé de mettre en évidence les services que nous rendent les animaux utiles ou auxiliaires, ainsi que les inconvénients ou les dégâts que nous causent les animaux nuisibles. De plus, on a tâché de donner, par des comparaisons simples, une idée de la classification.

Dans l'étude des végétaux, on s'est tout d'abord attaché à décrire avec soin et simplicité les organes essentiels de la plante, et à faire ressortir le rôle que remplit chacun d'eux. Sans doute, on n'a pu éviter de faire quelques énumérations, mais on s'est toujours borné à citer les plantes les plus connues ou qu'il est facile de se procurer. On a cherché à décrire brièvement chacune d'elles, de façon à en donner une idée aussi exacte que possible.

Comme pour les animaux, on a montré comment les plantes étudiées sont utiles, et la manière d'en tirer parti; on a de même indiqué comment certaines d'entre elles sont nuisibles.

De même que dans les volumes précédents, on a recommandé l'emploi d'un certain nombre de tableaux et d'images qu'il est possible de mettre sous les yeux des enfants, et qui rendront l'enseignement du professeur plus complet et plus attrayant; le nombre des expériences indiquées est relativement restreint : on n'a pas manqué d'en proposer toutes les fois qu'il a paru possible de le faire.

On espère que ce volume remplira le but qu'on s'est proposé, et qu'il rendra quelques services aux professeurs et aux élèves.

R. VALETTE.

LEÇONS DE CHOSES

PREMIÈRE PARTIE

ANIMAUX

PREMIÈRE LEÇON

ANIMAUX DOMESTIQUES : BŒUF, VACHE, MOUTON, CHÈVRE, CHAMEAU, RENNE. — SERVICES QU'ILS NOUS RENDENT.

1. Les animaux domestiques. — Chaque jour, vous voyez des chevaux traîner des voitures; chaque jour aussi, vous mangez de la viande fournie par le bœuf, le veau, le mouton, le porc. Vous connaissez le chien, le chat, qui vivent avec l'homme dans la maison ou dans la ferme. Tous ces animaux sont appelés *animaux domestiques*.

A MONTRER. — 1° *Tableaux et images :* Cour d'une ferme, dans laquelle se trouvent des animaux domestiques; — bœuf, vache, veau; — mouton; — lavage et tonte des moutons; — chèvre; — chameau; — renne attelé à un traîneau. — 2° *Objets :* Du cuir; — de la bourre; — de la colle forte; — du noir animal; — boutons en os; — de la laine.

Les *animaux domestiques* naissent et vivent près de l'homme; il les élève pour en tirer profit; ils sont pour lui des serviteurs et des auxiliaires.

Les uns, les plus gros et les plus forts, le bœuf, le cheval, l'âne, l'aident dans ses travaux; ils traînent la charrue, avec laquelle le paysan laboure la terre; dans des voitures, ils transportent de lourds fardeaux.

La plupart servent à l'alimentation de l'homme; lorsqu'on les a tués, leur chair est vendue dans les boucheries.

Les animaux domestiques fournissent encore à l'agriculture le fumier qui fertilise la terre, et à l'industrie des matières premières indispensables, la peau, les poils, la laine, les os, la graisse, les cornes, etc.

2. Le bœuf. — De tous les animaux domestiques, le *bœuf* est certainement le plus utile (fig. 1). C'est un animal gros et fort; il a les membres courts, la taille peu élevée; le museau large; la tête, fine et courte, porte deux cornes creuses et recourbées; le pied est fourchu et terminé par deux *sabots* de corne. La couleur de son poil varie suivant les races; il y a des bœufs tout blancs; d'autres ont la *robe* jaune ou rouge pâle; d'autres l'ont blanche et noire, d'autres enfin l'ont rouge.

Questionnaire. — **1.** — *Qu'appelle-t-on animaux domestiques? Citez les principaux. Quelle est leur utilité?*

2. — *Faites la description du bœuf.*

3. Utilité du bœuf. — Le bœuf n'est pas fait pour porter des fardeaux ; aussi on l'utilise plutôt pour traîner la charrue ou des chariots lourdement chargés. On l'attelle au moyen d'un *joug,* sorte de pièce

Fig. 1. — Bœuf, vache, veau au pâturage.

de bois qu'on lui place sur la tête. La masse de son corps, la lenteur de ses mouvements le rendent tout particulièrement propre aux travaux de l'agriculture.

On l'utilise comme bête de trait jusqu'à l'âge de sept ans ; on l'engraisse ensuite pour la boucherie. Très

------

3. — A quels usages utilise-t-on le bœuf? Quels produits fournit-il ?

souvent aussi, dans les pays d'élevage, on ne le fait pas travailler ; on le nourrit jusqu'à l'âge de quatre ans ; à cet âge, il donne d'excellente viande de boucherie.

La viande n'est pas le seul produit que nous donne le bœuf ; sa peau, tannée, fournit le cuir, dont on fait des chaussures et des harnais ; avec le poil on fait de la bourre, utilisée par les bourreliers et les selliers ; la graisse est employée dans la fabrication des bougies et du savon ; avec les os, on fait de la colle forte ; en les brûlant dans des vases clos, on obtient une espèce de charbon, le *noir animal*, dont on se sert pour raffiner le sucre ; avec les plus gros, on confectionne des boutons, des peignes, et d'autres objets utiles ; la corne elle-même n'est pas perdue : on en fait des boîtes à poudre.

4. La vache et le veau. — La *vache* (fig. 1) est plus petite et moins forte que le bœuf ; son corps a des formes anguleuses : les os font saillie.

La vache n'est que très rarement employée comme bête de trait : elle est surtout élevée pour le *lait* qu'elle produit.

Une bonne vache laitière donne en moyenne de 15 à 20 litres de lait par jour. Quand elle est vieille, à l'âge de dix à douze ans, on l'engraisse pour la boucherie.

Le lait de la vache renferme tout ce qui est néces-

---

4. — *Qu'est-ce que la vache ? Que produit-elle ? Que fait-on du lait ? Citez les principales races de vaches. Qu'est-ce que le veau ?*

saire pour entretenir la vie ; on dit quelquefois que c'est un *aliment complet*.

Dans la ferme, lorsque la fermière a trait les vaches, elle va vendre à la ville une partie du lait qu'elle a recueilli ; l'autre partie, mise dans des pots qu'elle dépose dans la *laiterie*, servira à faire du *beurre* et du *fromage*.

Il existe plusieurs races de vaches laitières ; les meilleures sont la *race flamande* : une vache flamande peut donner jusqu'à 3 500 litres de lait par an ; la *race bretonne*, la plus petite de France : une vache bretonne donne 2 000 litres de lait par an ; la *race normande*, dont le lait, comme celui de la vache bretonne, est très riche en beurre.

Le petit de la vache, le *veau* (fig. 1), fournit une viande très estimée, quoique moins bonne que celle du bœuf. Pour avoir une viande blanche, on nourrit les veaux avec du lait, à raison de 8 à 10 litres par jour. Lorsqu'ils ont de trois à quatre mois, on les vend pour la boucherie.

5. Le mouton. — Le *mouton* est un animal domestique beaucoup plus petit que le bœuf ; il a des pattes fines, la tête allongée, le museau pointu, les oreilles étroites, très écartées, la queue longue et pendante.

La tête porte souvent deux cornes, dirigées en arrière, qui reviennent en avant en s'enroulant sur

---

5. — *Faites la description du mouton.*

elles-mêmes. Mais beaucoup de moutons n'ont pas de cornes.

Les moutons sont réunis en troupeaux (fig. 2) qui peuvent contenir parfois plusieurs centaines de bêtes.

Fig. 2. — Moutons au pâturage.

L'été, ils vont aux champs, conduits par un *berger*; le long des chemins, dans les champs, ils broutent l'herbe qui doit servir à leur nourriture; un ou plusieurs chiens aident le berger et empêchent les moutons de s'écarter du troupeau. L'hiver, les moutons vivent dans la *bergerie*.

6. Utilité du mouton. — La chair du mouton est très estimée : on recherche le *gigot* et les *côtelettes*. Mais on élève aussi le mouton pour la *laine* dont son corps est recouvert.

Il existe différentes races de moutons; les unes sont surtout élevées en vue de la boucherie; d'autres sont particulièrement propres à la production de la laine.

La laine n'est autre chose que les poils du mouton ; elle est toujours un peu frisée ; toute la quantité de laine qu'un mouton a sur le corps s'appelle la *toison*. La laine est plus ou moins longue, plus ou moins estimée, suivant les espèces de moutons qui la produisent. La plus belle, la plus longue, celle qui a les poils les plus fins, est fournie par les *moutons mérinos*.

7. La tonte des moutons. — Tous les ans, on coupe la laine des moutons le plus près possible de la peau ; cette opération s'appelle la *tonte*. Elle se fait en général au mois de juin. Le plus souvent, le troupeau est réuni au bord d'un ruisseau ; chaque mouton est convenablement lavé ; ce lavage a pour but d'enlever de la laine une sorte de graisse sale, nommée *suint*, qui se trouve dans la toison. Quand les moutons sont bien secs, on les tond avec des espèces de ciseaux, nommés *forces*, ou avec des tondeuses, assez semblables à celles qu'emploient les coiffeurs.

---

6. — *Quelle est l'utilité du mouton? Qu'est-ce que la laine? Quels moutons produisent la plus belle laine ?*

7. — *Qu'est-ce que la tonte? Pourquoi et comment la fait-on?*

8. Autres services rendus par le mouton. — La peau du mouton peut être utilisée après qu'on en a enlevé la laine ; on la tanne comme celle du bœuf, mais elle fournit un cuir de qualité inférieure.

La *brebis* donne du lait de bonne qualité ; quand elle a cessé d'allaiter son petit, son *agneau,* on utilise son lait pour en faire des fromages estimés, dont le plus connu est le *fromage de Roquefort.*

Les agneaux sont parfois livrés à la boucherie ; ils donnent une viande délicate et justement estimée.

9. La chèvre. — La *chèvre* (fig. 3) est de la grosseur de la brebis, avec laquelle, du reste, elle a une certaine ressemblance. Mais ses cornes sont dirigées en arrière ; son corps est couvert de poils longs, beaucoup plus rudes et moins utiles que la laine du mouton ; elle a, sous le menton, une 'ouffe de poils en forme de barbiche.

La chèvre, est vive, capricieuse, un peu sauvage ; elle aime à grimper sur les talus, dans les lieux escarpés. Il est difficile de la conduire en troupeau, comme le mouton.

Elle est plus rustique et produit plus de lait que la brebis ; c'est la vache du pauvre ; elle peut donner par jour de deux à trois litres de lait, si elle est bien nourrie.

---

8. — *Que fait-on avec la peau du mouton ? Qu'est-ce que la brebis ? Que produit-elle ?*

9. — *Faites la description de la chèvre. Que fournit-elle ? — Que fait-on du chevreau ?*

Le lait de la chèvre est excellent pour les enfants ; dans les pays où l'on élève un grand nombre de chèvres,

comme aux environs de Lyon, on fait avec le lait qu'elles fournissent des fromages très estimés.

Quand elle a une dizaine d'années, la chèvre est engraissée pour la boucherie ; mais elle donne une viande beaucoup moins délicate que celle du mouton.

Fig. 3. — Chèvre.

Le petit de la chèvre, ou *chevreau*, donne une chair assez estimée ; il est surtout recherché pour sa peau, dont on fait des gants et des bottines fines.

10. Le chameau. — On trouve en Asie et en Afrique un animal domestique des plus précieux pour les Arabes, c'est le *chameau*.

Le *chameau* a de longues pattes, des pieds disgracieux et très largement fendus, un museau gros et

---

10. — *Parlez du chameau, du dromadaire, et dites quelle est leur utilité.*

renflé. Il a sur le dos deux bosses charnues ; son poil est d'un brun sale.

Le *dromadaire* (fig. 4) ressemble beaucoup au chameau, mais il n'a qu'une bosse ; son poil est doux et laineux.

Fig. 4. — Dromadaire

Ce sont des animaux très sobres, qui peuvent rester plusieurs jours sans prendre de nourriture. Ils peuvent aussi se passer de boire pendant sept à huit jours, mais alors ils sentent l'eau de fort de loin.

Le chameau et le dromadaire sont pour les Arabes d'une utilité incomparable ; sans leur secours, ils ne pourraient ni subsister, ni voyager, ni faire du commerce.

Le lait du chameau est leur nourriture ordinaire ; le poil leur sert à faire des étoffes dont ils confectionnent des vêtements. Grâce au chameau, au dromadaire, ils peuvent parcourir en peu de temps des distances considérables. De plus, un dromadaire peut porter sur son dos une charge énorme de marchandises.

Il existe en Afrique une espèce de dromadaire, très léger à la course ; c'est le *méhari*, qui sert aux Touareg du Sahara, pour attaquer et piller les caravanes, et s'enfuir ensuite avec une extrême rapidité.

11. Le renne. — Dans les contrées du Nord, chez les Lapons et les Esquimaux, les animaux domestiques, cheval, bœuf, vache, mouton, chèvre, n'existent pas. On n'y rencontre qu'un seul animal pour remplacer ces précieux auxiliaires de l'homme : c'est le *renne*.

Le *renne* (fig. 5) ressemble au cerf, mais il a les jambes moins fines, le corps moins élancé ; il a la tête armée de cornes ramifiées qui sont pour lui de redoutables défenses. Il n'est pas difficile à nourrir ; il se contente d'herbes et de lichens, qu'il est souvent obligé d'aller chercher sous la neige.

Le renne rend de grands services aux populations des régions glacées. Son lait sert de nourriture aux Lapons, qui en font aussi du fromage ; sa chair est consommée comme viande de boucherie ; la peau sert à faire des

---

11. — *Qu'est-ce que le renne ? Où le trouve-t-on ? A quoi sert-il ?*

vêtements, des tentes, et même des voiles pour les barques ; les os, les cornes servent à fabriquer une foule de petits objets utiles.

Fig. 5. — Rennes attelés à un traîneau.

L'hiver, quand la terre est couverte de neige, il sert de bête de somme ; on l'attelle à de légers traîneaux, et il court sur la neige avec une extrême rapidité.

DEUXIÈME LEÇON

ANIMAUX DOMESTIQUES (*suite*) : CHEVAL, ANE, MULET, CHIEN, CHAT, PORC, LAPIN.

12. Le cheval. — Vous connaissez le *cheval ;* chaque jour vous pouvez voir des chevaux attelés à des voitures

Fig. 6. — Cheval.

légères ou à de lourds tombereaux ; vous pouvez en voir portant des cavaliers.

A montrer. — *Tableaux et images :* Cheval attelé à une voiture ou portant un cavalier ; — cheval boulonnais, percheron, arabe, anglais ; — jument et son poulain ; — un âne ; — un

Le *cheval* (fig. 6) est un bel animal ; il est plus haut et moins gros que le bœuf ; il a les formes plus élancées, les mouvements plus vifs ; tout, dans son extérieur, indique qu'il est fort et agile. Sa peau est couverte de poils doux et flexibles ; le dessus du cou et la queue sont garnis de crins ; la tête est grosse, mais n'a pas de cornes comme celle du bœuf. Le pied n'a qu'un seul sabot de corne.

13. Utilité du cheval. — Le cheval rend à l'homme les plus grands services ; il accomplit les travaux les plus difficiles et les plus variés. Il traîne la charrue ; attelé à des voitures ou des chariots, il transporte de lourds fardeaux ; il peut aussi, sur son dos, porter des charges assez considérables ou des cavaliers.

Il existe plusieurs races de chevaux : les chevaux *boulonnais*, généralement de couleur gris pommelé, sont des chevaux de gros trait ; ils ont des membres gros et nerveux ; on les attelle aux tombereaux ou aux chariots lourdement chargés ; les chevaux *percherons* sont moins forts que les boulonnais ; ils sont parfois tout noirs ; ce sont des chevaux de trait léger ; on les emploie pour l'artillerie, la cavalerie, les omnibus.

---

mulet ; — des chiens : mâtin, chien de berger, lévrier, chien courant, caniche, dogue, terre-neuve ; — un chat ; — un porc ; — un lapin.

Questionnaire. — **12.** — *Faites la description du cheval.*
13. — *Quels services rend le cheval ? Quelles sont les principales races de chevaux ? Que fait-on de la viande du cheval ? Quand fait-on travailler le poulain ?*

Les chevaux *arabes* sont les meilleurs chevaux de selle ; ils ont l'encolure mince, les jambes longues et sveltes ; on les utilise dans la cavalerie légère.

Le cheval *anglais*, qu'on appelle encore *pur-sang*, est un cheval de course ; il est plus grand et meilleur coureur que le cheval arabe, mais il résiste moins à la fatigue.

La viande de cheval est excellente, surtout quand l'animal est jeune et n'est pas trop fatigué par le travail. On n'élève jamais le cheval pour la boucherie, comme on le fait pour le bœuf ; c'est seulement après un accident qu'on le tue et qu'on en vend la viande.

La femelle du cheval se nomme *jument,* et le petit *poulain* ; on ne fait guère travailler le poulain qu'à l'âge de quatre ans.

14. L'âne. — On dit souvent que l'*âne* est le cheval du pauvre. L'*âne* (fig. 7), en effet, quoique moins gros et moins fort que le cheval, rend néanmoins de grands services.

Il ressemble au cheval, mais il a de longues oreilles ; la queue du cheval est entièrement recouverte de crins ; celle de l'âne n'en a qu'une touffe à l'extrémité ; sur son dos, on voit une sorte de croix noire, formée par des poils de couleur plus foncée, et qui s'étend le long du dos et va d'une épaule à l'autre. Le cri de l'âne, ou *braiement*, est désagréable. Son pelage est générale-

---

14. — *Faites la description de l'âne. Quels services rend-il ? Que fait-on de sa viande, de sa peau ?*

ment gris cendré ; parfois aussi, il est noir ou brun.

L'âne est un animal très sobre, peu difficile à nourrir ; il rend pourtant de grands services à la campagne ; il porte et traîne de lourds fardeaux ; comme il a le pied sûr, il est surtout très utile dans les montagnes où les chemins sont escarpés.

Fig. 7. — Ane et mulet.

La viande de l'âne est bonne à manger ; elle est plus délicate que celle du cheval ; on en fait parfois des saucissons. Sa peau est employée pour faire des tambours. Le lait d'ânesse, d'une digestion facile, est souvent recommandé aux personnes convalescentes ou de faible constitution.

Par les services qu'il nous rend, l'âne mérite d'être aussi bien traité que les autres animaux domestiques ; malheureusement il est souvent mal soigné, mal nourri, battu, surchargé de travail ; ceux qui le brutalisent ont grandement tort : ils se montrent injustes envers un animal qui travaille beaucoup en se contentant de peu.

15. Le mulet. — Le *mulet* (fig. 7) ressemble au cheval et à l'âne ; il est généralement de la taille du

---

15. — *Faites la description du mulet. Quels services rend-il ?*

cheval : mais il a de longues oreilles et une croix noire sur le dos, comme l'âne. Il a la force du cheval et la sobriété de l'âne. Il a le pied très sûr ; aussi, c'est un animal précieux dans les pays de montagnes. C'est une excellente bête de selle et de trait ; il est très répandu dans le midi de la France, dans les Alpes et en Espagne.

16. Le chien. — Vous connaissez tous le *chien ;* chaque jour il vous est donné de voir dans les rues des chiens qui diffèrent les uns des autres par la taille et par l'aspect.

Le chien, à cause de sa petite taille, ne peut être utilisé ni pour les travaux des champs, ni pour traîner ou porter des fardeaux ; on ne mange pas sa chair.

Il rend pourtant de grands services à l'homme, grâce à son intelligence, à son dévouement, à sa fidélité. Sans lui, l'homme n'aurait pas pu réduire en domesticité la plupart des animaux qui vivent autour de lui.

17. Les diverses races de chiens : leur utilité. — Il existe de très nombreuses races de chiens, dont la grosseur et la forme varient suivant l'usage auquel on les destine.

En premier lieu vient le *mâtin* ou *chien de garde.* C'est un animal assez grand, vigoureux, dont les oreilles sont à demi pendantes. Il a le museau allongé, les

---

16. — *Le chien est-il utile ? Pourquoi ?*

17. — *Parlez du mâtin, du chien de berger, du lévrier, du chien courant, du caniche, du dogue, du terre-neuve, et dites à quoi ils servent.*

jambes longues et fortes, la queue recourbée en haut, le poil court.

Il a l'intelligence peu développée, mais il est très courageux ; si le troupeau qu'il garde est attaqué, il se jette hardiment sur l'ennemi, et, sans se soucier du danger, il s'efforce de le mettre en fuite.

Le *chien de berger* est plus petit que le mâtin ; il est généralement noir ; il a le poil long, les oreilles courtes et droites, la queue pendante. Le chien de berger est le conducteur du troupeau. Il est curieux de voir un troupeau de moutons, broutant l'herbe dans un champ. Le chien est attentif ; dès qu'un mouton s'écarte, il court à lui, aboie, lui mordille les jambes et l'oblige à rentrer dans le rang.

A côté de ces deux espèces si utiles, il faut encore citer le *lévrier*, dont les formes sont sveltes, le corps allongé, et qui court admirablement ; on le dresse à chasser le lièvre ; le *chien courant*, excellent chien de chasse qui reconnaît très bien le trajet suivi par le gibier, grâce à la finesse de son odorat ; le *caniche*, ou *chien mouton*, à la tête grosse et ronde, au poil frisé, comme la laine du mouton, et dont l'intelligence et la fidélité sont bien connues.

Nommons encore le *dogue*, le *bouledogue*, dont la tête est grosse et courte, le museau épais, le nez écrasé ; la lèvre supérieure laisse voir les dents, et les oreilles ont été coupées lorsqu'il était jeune ; il a ainsi un air de férocité bien caractérisé : c'est du reste un batailleur. Le *terre-neuve* est un gros chien, au poil frisé, blanc avec des taches noires ; il est d'un naturel très doux.

Le chien est surtout remarquable par sa fidélité et son attachement : c'est l'ami et le compagnon de l'homme.

18. Le chat. — Le *chat* vit dans la maison; il a le poil doux et soyeux, le nez et les lèvres roses, ainsi que les pelotes des pattes; il est d'une agilité surprenante, et il n'est pas rare de le voir exécuter des gambades et des bonds rapides.

Il a des griffes très pointues, avec lesquelles il saisit sa proie; en temps ordinaire, il les rentre entre les pelotes des pattes : on dit alors qu'il fait *patte de velours*. Il a des dents longues, aiguës, très tranchantes, qui pénètrent dans la chair et la déchirent.

Il existe une espèce de chat, le *chat angora*, dont les poils sont très longs; ceux du ventre descendent quelquefois jusqu'à terre.

Le chat est l'ami de la maison, il fait la chasse aux souris et aux rats. Sa peau, garnie des poils, est employée comme fourrure, après avoir subi diverses préparations.

19. Le porc. — Le *porc* (fig. 8) est un animal bien connu; en général il a les pattes courtes, le ventre rebondi, la tête allongée, terminée par un nez rond et plat, qu'on nomme un *groin;* les yeux sont petits; la

---

18. — *Faites la description du chat, et dites à quoi il sert.*
19. — *Qu'est-ce que le porc? Comment le nomme-t-on générale-ment? De quoi se nourrit-il? Quelle est son utilité?*

peau est recouverte de poils raides et longs, nommés *soies*, assez rares ; la queue est courte.

Le porc, vulgairement appelé *cochon*, est répandu partout ; il est peu difficile à nourrir ; il est très vorace, et se contente souvent de débris de toutes sortes ; il est très friand de glands, et, dans les campagnes, il recherche les truffes avec ardeur.

Fig. 8. — Porc.

Le porc n'est élevé que pour sa viande, qui fournit à l'alimentation de précieuses ressources. On la mange fraîche ou salée ; vous connaissez certainement les côtelettes, le jambon, le petit salé. Mais le charcutier tire parti de tout le corps de l'animal ; le *lard*, situé sous la peau, la *panne*, dans l'intérieur, la *tête*, les *oreilles*, les *pieds*, rien n'est perdu ; avec le sang, on fait du *boudin* ; avec les intestins, on confectionne des *saucisses*, du *saucisson*, du *cervelas*, des *andouilles*.

La peau sert à faire des cribles; avec les soies, on fabrique des pinceaux et des brosses.

20. Le lapin. — Le *lapin* (fig. 9) est un petit animal qu'on élève pour sa chair; il a les pattes de derrière beaucoup plus longues que celles de devant; le corps est couvert de poils longs, fins et soyeux; les oreilles sont longues et parfois tombantes; les dents du devant,

les *incisives*, sont longues et tranchantes; le lapin fait mouvoir ses mâchoires d'avant en arrière. Cette disposition des dents, ce mouvement des mâchoires lui permettent de ronger des substances très dures, telles que le bois.

Fig. 9. — Lapin domestique.

Le lapin est une précieuse ressource pour les habitants des campagnes; il est facile à nourrir. Il fournit une chair délicate, très estimée. La peau, garnie de ses poils, sert à faire des fourrures bon marché.

Il ne faut pas confondre le lapin domestique, appelé encore *lapin de clapier*, qu'on élève dans les campagnes, avec le lapin sauvage, ou *lapin de garenne*, qu'on tue à la chasse.

---

20. — *Faites la description du lapin. Quelle est son utilité? Qu'est-ce que le lapin de garenne?*

TROISIÈME LEÇON

ANIMAUX SAUVAGES; GIBIER : LIÈVRE, CERF, CHEVREUIL, SANGLIER, ETC.

21. Les animaux sauvages. — Indépendamment des animaux domestiques, qui vivent autour de l'homme, qui travaillent pour lui, qui lui donnent leur chair et une foule de matières premières utilisées dans l'industrie, il en existe un très grand nombre dans la campagne, dans les bois, dans les forêts. Ils vivent à l'état sauvage, et on les nomme des *animaux sauvages*.

Les *animaux sauvages* redoutent l'homme; ils fuient à son approche. En général, ils n'ont pour lui qu'une bien faible utilité; la plupart, au contraire, causent dans les champs des dégâts importants. Vous avez déjà entendu parler du *loup*, qui attaque les troupeaux, du *renard* qui ravage les poulaillers; vous connaissez tout

---

A MONTRER. — 1° *Tableaux et images :* Lièvre poursuivi par des chiens; — lapin de garenne; — cerf; — chasse au cerf; — chevreuil; — daim; — chamois; — isard; — sanglier. — 2° *Objets :* Feutre fait de poils de lièvre; — bois de cerf; — couteau dont le manche est fait de bois de cerf; — peau de chamois; — pinceau fait de soies de sanglier.

au moins de nom le *rat*, la *souris*, le *mulot*, le *campagnol*, qui vivent aux dépens des récoltes et des fruits.

22. Le gibier. — Parmi les animaux sauvages, il en
est quelques-uns dont la chair est bonne à manger; ils
forment ce qu'on appelle le *gibier*. Sous le nom de
gibier on ne range pas seulement les animaux à poils,
comme le lièvre, le lapin de garenne, mais aussi des
oiseaux, comme la perdrix, le faisan. Les premiers forment le *gibier à poils*, les autres, le *gibier à plumes*.

En général, la chair du gibier a plus de saveur, elle
est plus succulente que celle des animaux domestiques
qui servent à notre alimentation; elle est plus noire,
douée d'un fumet plus agréable, mais aussi elle est
d'une digestion plus difficile pour les estomacs délicats.

Nous allons étudier les principaux animaux qui constituent le gibier à poils, le *lièvre*, le *lapin de garenne*,
le *chevreuil*, le *cerf*, le *sanglier;* l'homme, pour se les
procurer, est obligé de les tuer à la chasse, ou de les
prendre avec des filets, des pièges, des lacets.

23. Le lièvre. — Vous connaissez certainement le
lièvre (fig. 10); il ressemble au lapin domestique, mais
il est plus grand et a les jambes plus longues; ses
oreilles sont grises avec une pointe noire; son poil est

---

jaunâtre un peu roux; sous le ventre, il est un peu blanc. Le petit du lièvre se nomme *levraut*.

Le lièvre vit dans un *gîte*, sorte de creux pratiqué dans le sol; il se nourrit d'herbes, de feuilles, de racines; l'hiver, il mange l'écorce des jeunes arbres.

Fig. 10. — Lièvre.

C'est un animal timide, mais très rusé. Quand il est découvert par les chiens, il s'enfuit à toutes jambes, et fait de nombreux détours; il revient ensuite au gîte quand il a réussi à dérouter ses ennemis.

Il causerait de sérieux dégâts dans nos cultures et nos forêts, si on ne lui faisait une chasse acharnée.

Sa chair est excellente; avec sa peau, garnie des poils, on fait des fourrures estimées; avec ses poils on fabrique du feutre pour les chapeaux.

24. Le lapin de garenne. — Le lapin sauvage, nommé encore *lapin de garenne*, est plus petit que le lièvre. Son pelage est gris, mélangé de noir; la gorge et le ventre sont blancs, ainsi que le bout de la queue.

Le lapin de garenne vit dans un *terrier*, sorte de demeure souterraine qu'il creuse avec ses pattes de devant; il s'y réfugie lorsqu'un danger le menace.

Cet animal se nourrit, comme le lièvre, d'herbes, de racines et d'écorces; il cause de grands dégâts dans les champs et dans les bois; c'est donc un ennemi du cul-

---

24. — *Faites la description du lapin de garenne.*

tivateur. Sa chair est très estimée, et on utilise sa peau pour faire des fourrures.

25. Le cerf. — Le lièvre et le lapin constituent le *petit gibier.* Dans les forêts vivent des animaux plus

Fig. 11. — Cerf et biche.

gros, tels que le *cerf,* le *chevreuil,* le *sanglier;* c'est le *gros gibier.*

Le *cerf* (fig. 11) est un bel animal, de la grosseur d'un âne; il a la taille svelte, les jambes fines, la queue

----

25. — *Faites la description du cerf. Comment le chasse-t-on? Que fait-on avec sa peau, ses bois?*

courte ; son pelage est d'un brun fauve, avec une ligne noire le long de l'échine. Il est remarquable par les cornes qui ornent sa tête, et qui se ramifient, comme les branches d'un arbre : ces cornes s'appellent des *bois*.

Elles tombent tous les ans au printemps et repoussent en été ; elles ont alors quelques rameaux de plus qu'au moment où elles sont tombées.

La femelle du cerf, qu'on nomme *biche*, n'a pas de cornes ; le petit s'appelle *faon;* c'est quand il a six mois environ, que les cornes commencent à lui pousser.

Le cerf se nourrit de feuilles et de jeunes pousses ; l'hiver, il mange l'écorce des arbres, la mousse ; il cause donc des dégâts dans les forêts.

Le cerf est un gibier très rare ; il vit dans les forêts où l'on est obligé de le chasser avec un certain nombre de chiens, qui constituent une *meute*. Sa chair est très estimée ; sa peau donne un cuir souple ; avec ses bois on fait des manches de couteaux ou des objets de tablet-terie.

26. Le chevreuil, le daim, le chamois. — Le *chevreuil* est de la même famille que le cerf, auquel il ressemble beaucoup ; mais il est plus petit, ses pattes sont plus fines ; ses cornes ne sont pas ramifiées comme celles du cerf ; elles sont moins longues, presque droites, et portent simplement une sorte de petite fourche à leur extrémité.

Le chevreuil, qui vit dans les forêts, perd ses cornes

26. — *Parlez du chevreuil, du daim, du chamois, de l'isard.*

à l'automne; elles repoussent pendant l'hiver. Sa chair est beaucoup plus délicate et plus estimée que celle du cerf.

Le *daim*, comme le chevreuil, est de la famille du cerf; il a la tête couverte de cornes; la femelle n'en a pas. On place parfois des daims dans des parcs où ils vivent à demi apprivoisés. On chasse le chevreuil et le daim comme le cerf, avec des chiens, des chevaux et des *piqueurs*.

Dans les Alpes vit un petit animal, gros comme une chèvre, dont le poil est tantôt gris cendré, tantôt de couleur fauve : c'est le *chamois* (fig. 12). Il a la tête ornée de cornes lisses qui se recourbent brusquement en ar-

Fig. 12. — Chamois.

rière, près de la pointe; elles ne tombent pas comme celles du cerf et du chevreuil; on dit qu'elles sont persistantes.

Le chamois est très agile; il vit par troupes au milieu des rochers escarpés; les chasseurs ne peuvent l'approcher qu'avec la plus grande difficulté. La chasse au chamois est très dangereuse; dès qu'il aperçoit le chasseur, l'animal saute de rocher en rocher, franchit des précipices; lors même qu'il est tué par la balle du fusil, il est souvent difficile d'aller le chercher à l'endroit où il est tombé.

Outre sa chair, qui est estimée, on utilise sa peau. Vous avez certainement vu des ménagères frotter les meubles ou nettoyer les vitres avec une peau de chamois.

Dans les Pyrénées, on donne au chamois le nom d'*isard*.

27. Le sanglier. — On trouve dans les bois un animal qui a une certaine ressemblance avec le cochon domestique : c'est le *sanglier* (fig. 13).

Il a la tête plus allongée que celle du cochon, les oreilles plus petites, droites et très mobiles; le pelage est d'un brun noirâtre; les soies du dos sont raides et fortes, et quand l'animal est en fureur, elles se hérissent et lui donnent un aspect terrible.

Le corps du sanglier est porté par de petites jambes; ses yeux sont petits et pleins d'expression, mais ardents et farouches quand il est en colère.

A chaque mâchoire, il a des dents tranchantes et pointues, qu'on nomme des *défenses;* celles de la mâchoire inférieure sont surtout redoutables; le sanglier, lorsqu'il est attaqué, donne un coup de son groin, un coup de *boutoir*, et, avec ses défenses, fait de cruelles blessures aux chiens et aux chasseurs.

La femelle, ou *laie*, n'a pas de défenses, mais elle mord cruellement et piétine ses ennemis. Le petit, qu'on nomme *marcassin*, a le pelage rayé de bandes de couleur fauve, plus ou moins foncée.

Le sanglier vit dans les bois, au milieu des fourrés

---

27. — *Faites la description du sanglier. Où vit-il? Quels dégâts cause-t-il? Que fait-on avec ses soies?*

humides; pendant le jour, il se retire dans sa *bauge*, sorte de gîte où il est à l'abri; la nuit, il va chercher sa nourriture. Il mange des glands, des racines, des graines.

C'est un animal qui cause des dégâts considérables.

Fig. 13. — Sanglier.

Avec son groin, il creuse le sol, et dévore les pommes de terre ou les racines qu'il rencontre; il va souvent dans les terriers manger les jeunes lapins; il prend les perdrix dans leurs nids; il tue et mange les jeunes levrauts; il attaque même les faons et les chevreuils.

C'est donc un animal tout à fait nuisible, et les quelques services qu'il peut rendre en détruisant les rats des champs, quand il ne trouve rien de meilleur à manger, ne font pas oublier les dégâts qu'il commet. Aussi on lui fait une chasse acharnée; mais cette chasse n'est pas sans danger; les chiens sont souvent cruellement blessés et même éventrés par les défenses de l'animal.

La chair du sanglier est très estimée; avec ses soies, on fait des brosses et des pinceaux.

QUATRIÈME LEÇON

ANIMAUX SAUVAGES (*suite*); FOURRURES : CASTOR, LOUTRE, RENARD, ETC.

23. Les fourrures. — On entend souvent, dans les rues, des gens qui, un sac sur l'épaule, demandent à acheter des peaux de lapin. Ces peaux de lapin peuvent donc être utiles?

Lorsqu'on passe, l'hiver, devant un magasin d'habillement, on peut voir des manchons, des cols et des manteaux garnis de poils. Tous ces objets s'appellent des *fourrures* et servent à préserver du froid : ils sont faits avec des peaux d'animaux.

Parmi les animaux que nous avons déjà étudiés, nous avons cité le chat, le lapin, le lièvre, le lapin de garenne, dont la peau peut être utilisée pour faire des fourrures. Mais la peau ne peut être utilisée telle qu'elle est fournie par les animaux. On lui fait subir un certain

---

A MONTRER. — 1° *Tableaux et images* : Castor ; — colonie de castors ; — loutre ; — renard ; — marmotte ; — martre ; — fouine ; — hermine ; — écureuil. — 2° *Objets* : Ceux de ces animaux conservés au cabinet d'histoire naturelle.

nombre de préparations, afin d'empêcher qu'elle ne pourrisse et que les poils ne tombent.

29. Le castor. — De tous les animaux à fourrures, l'un des plus importants est, sans contredit, le *castor* (fig. 14).

Autrefois le *castor* était très répandu dans nos pays; il vivait sur le bord des fleuves; mais on lui a fait une chasse acharnée, et aujourd'hui, on ne trouve plus que quelques castors sur les rives du Rhône; ils vivent isolés et se creusent des terriers, comme les lapins de garenne.

Les castors sont très abondants au Canada, dans l'Amérique du Nord; ils vivent en société au bord des lacs et des rivières, sur lesquels ils construisent de véritables villages.

Le castor est de la taille d'un chien basset; il a les pattes courtes, le corps ramassé, la tête peu allongée, les yeux petits, les oreilles pendantes. Les pattes de devant ont des doigts courts, garnis d'ongles robustes et pointus, avec lesquels l'animal creuse la terre; celles de derrière ont les doigts réunis par une membrane, comme ceux du canard et de l'oie; elles lui servent de rames. La queue est large, aplatie, très robuste; elle n'a pas de poils, mais la peau a des replis en forme d'écailles; elle sert au castor de gouvernail, lorsqu'il

---

Questionnaire. — **28.** — *Les peaux des animaux peuvent-elles être utilisées? Qu'est-ce que les fourrures?*

29. — *Où vit le castor? Faites-en la description.*

nage dans les lacs, les rivières où il construit son habitation.

30. Mœurs des castors. — Les castors sont remarquables par leur industrie, leur habileté à construire des habitations au milieu des eaux.

Fig. 11. — Castors.

Ils choisissent de préférence des eaux assez profondes pour que, pendant l'hiver, elles ne gèlent pas jusqu'au fond, et autant que possible, des eaux courantes, afin de s'en servir pour le transport des matériaux nécessaires à leurs constructions.

Lorsqu'ils veulent s'établir sur le cours d'une rivière,

30. — *Comment vivent les castors?*

ils barrent cette dernière, dans le sens de la largeur, au moyen d'une digue très solide. Cette digue est formée d'un arbre de la rive qu'ils coupent avec leurs dents tranchantes, de façon que, une fois coupé, il s'abatte en travers du courant.

Plusieurs animaux parcourent les rives, abattent d'autres arbres, moins gros que le premier, les coupent en pieux de longueur convenable, qu'ils aiguisent à l'une des extrémités, et les conduisent près du barrage.

Ils disposent alors ces pieux dans l'eau et les chargent de pierres et de limon; puis ils entrelacent, entre les pieux, des branches flexibles de saule ou de peuplier; ils remplissent les intervalles avec des pierres et de la terre glaise, qu'ils ont gâchée avec leur queue en guise de truelle. Pour transporter les pierres et la terre glaise, ils se servent de leur gueule et de leurs pattes de devant.

31. L'habitation des castors. — Lorsque la digue est achevée, ou bien lorsqu'ils ont choisi comme emplacement un lac aux eaux tranquilles, les castors construisent leurs habitations. Ce sont des espèces de huttes rondes, d'environ deux mètres de diamètre, et dont le toit est en forme de dôme.

Les castors enfoncent des pieux dans le lit du lac ou de la rivière; sur ces pieux, ou pilotis, ils élèvent avec

---

*31. — Comment les castors construisent-ils leurs habitations?
Pourquoi leur fait-on la chasse?*

du bois, des pierres, de la terre glaise, des espèces de cabanes à deux étages. L'étage inférieur est le seul qui ait une ouverture, sous l'eau; quand le castor veut y pénétrer, il est donc obligé de plonger. Cet étage est le magasin où les castors conservent leurs provisions d'écorce; il communique avec l'étage supérieur au moyen d'une ouverture pratiquée dans le plancher de séparation.

La nourriture des castors se compose d'écorce d'arbres, surtout de bouleaux, de saules, et de racines de plantes aquatiques.

On fait aux castors une chasse acharnée; les peaux des animaux qu'on tue en hiver sont plus fournies de poils et plus soyeuses que celles des castors tués en été. La fourrure est d'un brun roussâtre. Le poil peut être aussi utilisé pour la fabrication du feutre des chapeaux; quant à la chair elle est excellente, particulièrement celle de la queue.

32. La loutre. — On rencontre parfois, sur le bord des rivières, un petit animal dont le pelage est brun en dessus, grisâtre en dessous, assez moelleux, surtout en hiver. C'est la *loutre* (fig. 15).

La *loutre* vit au bord des cours d'eau, dans des trous creusés dans les rives; elle marche difficilement; mais elle a les pieds palmés, comme ceux du canard, et nage et plonge avec une grande agilité.

---

32. — *Qu'est-ce que la loutre? Où vit-elle? De quoi se nourrit-elle?*

Elle se nourrit surtout de poisson, dont elle fait une grande consommation; aussi on lui fait une chasse active, mais elle se défend par de cruelles morsures.

Sa chair n'est pas très bonne à manger; elle sent un peu le poisson; par contre, sa fourrure est très estimée.

Il existe différentes espèces de loutres : la *loutre du*

Fig. 15. — Loutre.

Canada, très répandue dans l'Amérique septentrionale, et dont la fourrure, de couleur marron foncé, est très recherchée; la *loutre de mer*, qu'on rencontre sur les côtes septentrionales de l'Océan Pacifique : elle a une fourrure d'un brun roux, et qu'on paye très cher.

33. Le renard. — Dans nos pays, dans les bois, à proximité des fermes, vit un animal de la grosseur d'un chien, mais dont la queue est plus grosse; c'est le

---

33. — *Faites la description du renard. Pourquoi est-il nuisible? Que fait-on de sa peau?*

renard qui cause de grands dégâts dans les poulaillers, et fait une chasse active aux lapins de garenne et au petit gibier.

Le *renard* (fig. 16) a le pelage brun roussâtre en dessus, blanc en dessous, avec le derrière des oreilles noir; sa queue est touffue et terminée par un bouquet de poils blancs; son museau est effilé.

Il a l'odorat très développé, la vue perçante. Il se creuse des terriers dans les bois, ou habite les creux des rochers; quelque-fois même, il s'empare du terrier d'un lapin et s'y installe après l'avoir élargi. Il y pratique plusieurs entrées, afin de pouvoir dépister les chasseurs.

Fig. 16. — Renard.

Le renard est un animal très rusé; quand il pénètre dans un poulailler, il ne se contente pas de tuer une poule et de la manger, il tue encore tout ce qu'il peut emporter, afin de le cacher dans son terrier.

C'est donc un animal nuisible aux habitants des campagnes; aussi, on emploie bon nombre de moyens pour le détruire. On se sert généralement de pièges. On fait de sa peau des fourrures assez estimées.

Il existe dans les contrées du nord de l'Europe une espèce de renard, le *renard bleu,* connu par sa belle fourrure blanche, dont les poils sont longs, touffus et moelleux.

34. Autres animaux à fourrure. — Le castor, la loutre, le renard, ne sont pas les seuls animaux qui nous donnent des fourrures.

Fig. 17. — Marmotte.

Dans les Alpes, vit un petit animal, la *marmotte* (fig. 17) grosse comme un lapin, dont la peau est garnie de longs poils d'un gris foncé; on en fait des fourrures communes. La marmotte s'endort pendant l'hiver.

En France, on trouve encore un petit animal à fourrure, la *martre* (fig. 18). La martre est de petite taille; son corps est long et svelte, ses jambes sont courtes, ce qui ne l'empêche pas de courir avec agilité. Son pelage est brun.

Elle vit dans les bois, et se nourrit de lièvres, de lapins, de perdrix; elle mange aussi les petits oiseaux; elle grimpe sur les arbres et va prendre

Fig. 18. — Martre.

---

34. — *Qu'est-ce que la marmotte? la martre? la fouine? l'hermine? l'écureuil? Certains de ces animaux sont-ils nuisibles Pourquoi? Qu'est-ce que le petit-gris?*

les œufs dans les nids. C'est donc un animal nuisible, bien qu'elle détruise aussi les rats et les mulots. On

Fig. 19. — Fouine.

lui fait la chasse pour sa fourrure qui est très belle. Il existe, dans le nord de la Sibérie, une espèce de martre, la *martre zibeline*, dont la fourrure, très estimée, est d'un prix fort élevé.

La *fouine* (fig. 19), que l'on rencontre dans nos pays, est un petit animal de la même famille que la martre; elle fait la chasse aux rats, aux taupes, aux oiseaux; elle fait également de grands ravages dans les pou-

Fig. 20. — Écureuil.

laillers et les basses-cours. Sa fourrure est moins recherchée que celle de la martre.

L'*hermine* est plus petite que la martre; en été son

pelage est rose marron ; en hiver, il devient entièrement blanc, à l'exception du bout de la queue, qui
reste noir. Elle vit dans les pays du Nord, où elle est
très abondante. C'est surtout l'hiver qu'on lui fait la
chasse ; sa fourrure est toujours d'un prix fort élevé.

Vous avez peut-être déjà vu des *écureuils* (fig. 20) ;
ce sont de petits animaux à l'œil vif, au pelage roux en
dessus et blanc en dessous, et dont la queue, très longue
et très touffue, se relève en forme de panache.

L'écureuil vit sur les arbres ; il saute lestement de
branche en branche ; il se nourrit de fruits et aussi des
œufs des petits oiseaux.

On trouve dans le nord de l'Europe et de l'Asie une
espèce d'écureuil, dont le pelage, en hiver, est de couleur cendrée. On lui fait une guerre acharnée, et chaque
année on en tue des quantités considérables. Sa fourrure est bien connue sous le nom de *petit-gris*.

CINQUIÈME LEÇON

ANIMAUX FÉROCES : LION, TIGRE, LOUP, OURS, ETC.

35. Les animaux féroces. — Dans les foires qui se tiennent dans les villes, dans les fêtes, on voit parfois sur la place publique des voitures en forme de grandes caisses, garnies de barreaux solides. Elles renferment des animaux dont vous avez déjà entendu prononcer le nom, des *lions*, des *tigres*, des *panthères*, des *ours*.

Pourquoi donne-t-on ainsi à ces voitures la forme de grandes cages? C'est que les animaux qui y sont enfermés sont redoutables. Lorsqu'ils vivent en liberté, ils attaquent les autres animaux, les tuent et se nourrissent de leur chair ; ils ne craignent même pas de s'attaquer à l'homme.

On les appelle des *animaux féroces*.

A MONTRER. — 1° *Tableaux et images* : Lion; — tigre ; — panthère; — léopard ; — jaguar ; — chat sauvage ; — lynx ; — loup; — chacal ; — hyène ; — ours ; — ours blanc ; — blaireau ; — rat ; — souris ; — surmulot ; — mulot ; — campagnol. — 2° *Objets*: Brosse, pinceau, faits de poils de blaireau.

Questionnaire. — 35. — *Qu'est-ce que les animaux féroces?*

36. Le lion. — Parmi les animaux féroces, le *lion* (fig. 21) mérite d'occuper le premier rang. C'est un bel animal, dont la tête est majestueuse, les mouvements agiles, la force considérable : on l'a surnommé le *roi des animaux*.

Il a un pelage fauve ; la tête, le cou et les épaules portent une épaisse crinière. La femelle du lion, la

Fig. 21. — Lion.

lionne, n'a pas de crinière; chez les petits ou *lionceaux*, elle commence à se montrer à l'âge de trois ans; la queue est terminée par une touffe de longs poils.

Le lion pousse un rugissement terrible, qui épouvante ceux qui l'entendent, surtout lorsqu'il est en colère. Il a la gueule armée de dents longues, robustes et pointues, grâce auxquelles il peut déchirer la chair des animaux dont il se nourrit ; le dessous des pattes est garni de pelotes charnues, comme chez le chat. Comme le chat également, le lion a des griffes acérées, qu'il peut rentrer entre les pelotes des pattes.

La force du lion est considérable; d'un coup de queue, il peut renverser un homme; d'un coup de patte, il peut casser les reins à un cheval.

---

36. — *Faites la description du lion. De quoi se nourrit-il? Où le trouve-t-on?*

Il se nourrit généralement de proie vivante, de gazelles, d'antilopes, sur lesquelles il s'élance par bonds. Il chasse surtout la nuit, et seulement lorsqu'il est pressé par la faim. Il n'attaque jamais l'homme, à moins qu'il ne soit attaqué lui-même.

Fig. 22. — Tigre.

Le lion vit surtout en Afrique ; on le trouve aussi dans l'Asie méridionale ; on lui fait une chasse active, non pour sa chair, qui n'est pas bonne à manger, mais pour sa peau, qui constitue un ornement somptueux.

37. Le tigre. — Il existe dans l'Asie méridionale, notamment dans l'Inde, un animal féroce encore plus redoutable que le lion ; c'est le *tigre* (fig. 22).

---

37. — *Faites la description du tigre. Où vit-il ?*

Le *tigre* est à peu près de la taille du lion ; son pelage est moins uniforme et plus beau ; le dos est fauve, les joues et le ventre sont de couleur blanche, mais le corps est couvert de bandes noires, dirigées en travers ; la queue est longue, et couverte de poils qui forment comme des anneaux noirs et fauves. Il n'a pas de crinière.

Le tigre a tout à fait l'apparence d'un gros chat ; il a des mouvements souples et gracieux ; mais il est très dangereux. Quand il est poussé par la faim, il se jette indifféremment sur tous les animaux, et même sur l'homme ; il ne craint pas le danger ; il va au-devant et l'affronte.

Quand sa faim est apaisée, il se cache dans les fourrés. Cet animal est la terreur des contrées méridionales de l'Asie, où il fait chaque année des milliers de victimes, aussi bien parmi les hommes que parmi les animaux.

38. La panthère, le léopard, le jaguar. — Dans les mêmes régions de l'Asie, et aussi en Afrique, on rencontre un animal plus petit que le tigre, une sorte de gros chat, la *panthère* (fig. 23) ; elle a le pelage fauve, parsemé de taches noires ; la queue va jusqu'à terre.

Elle habite les forêts, et grimpe sur les arbres avec une merveilleuse agilité, pour poursuivre les animaux

---

38. — *Parlez de la panthère, du léopard, du jaguar, du chat sauvage, du lynx ou loup-cervier.*

dont elle se nourrit. Elle est aussi redoutable que le tigre.

Le *léopard* (fig. 24), qui habite les forêts de l'Afrique, particulièrement le Sénégal, est plus petit que la panthère ; comme elle, il a le pelage fauve avec des taches noires ; sa queue

Fig. 23. — Panthère.

forme des anneaux comme celle du tigre.

Comme la panthère, il grimpe aux arbres avec agilité ; sa peau est très recherchée.

Fig. 24. — Léopard.

Dans l'Amérique du Sud, habite un animal qui ressemble beaucoup au tigre ; c'est le *jaguar*, qu'on appelle encore *tigre d'Amérique*.

Son pelage est fauve ; le dos et les flancs sont couverts de taches noires ; le ventre est blanc, avec des bandes noires en travers. Il grimpe aux arbres, malgré sa grande taille, et, comme il nage très bien, il ne craint pas de se jeter à l'eau lorsqu'il est poursuivi. Sa peau donne une fourrure très estimée.

Dans les forêts de l'Europe, on trouve encore le *chat sauvage* (fig. 25), au pelage d'un gris brun, avec des bandes transversales; il vit sur les arbres, et fait la chasse aux oiseaux et aux petits animaux.

Le *lynx*, appelé encore *loup-cervier* (fig. 26), vit aussi dans les forêts de l'Europe; c'est

Fig. 25. — Chat sauvage.

Fig. 26. — Lynx.

une sorte de gros chat, qui donne la chasse aux oiseaux, aux écureuils, et même aux jeunes chevreuils. Sa fourrure est estimée.

Les anciens prétendaient que la vue du lynx est si perçante qu'il peut voir à travers les murailles; c'est une fable que rien ne justifie.

39. Le loup. — Le lion, le tigre, la panthère et les autres animaux dont nous venons de parler, ressemblent au chat.

---

39. — *Faites la description du loup. A quel animal domestique ressemble-t-il? Où vit-il? De quoi se nourrit-il?*

Le *loup* (fig. 27), qu'on rencontre dans les forêts de la France, ressemble au chien.

Il a le pelage gris fauve, avec des poils noirs, la queue touffue. Il est très fort et peut porter dans sa gueule un mouton, tout en courant avec rapidité. Il a l'odorat très développé, ce qui lui est très utile pour découvrir sa proie ou sentir l'ennemi de loin.

Il vit dans les forêts, et se nourrit de petits animaux. Lorsqu'il est pressé par la faim, il vient attaquer les ani-

Fig. 27. — Loup.

maux qui sont sous la garde de l'homme, particulièrement ceux qu'il peut emporter, les agneaux, les chevreaux. Il attaque rarement l'homme.

On lui fait une guerre acharnée; aussi le nombre des loups diminue considérablement en France. En Angleterre, on ne trouve plus de loups depuis plus de deux cents ans.

Dans les steppes de la Russie, les loups sont réunis par bandes nombreuses; ils attaquent les voyageurs, à qui ils font courir de sérieux dangers.

40. Le chacal, l'hyène. — Le *chacal* (fig. 28) ressemble

---

40. — *Qu'est-ce que le chacal? l'hyène? Où les trouve-t-on? De quoi se nourrissent-ils?*

beaucoup au loup; il vit en troupes dans les parties chaudes de l'Asie et en Afrique. Il est très vorace; il se nourrit de tout ce qu'il rencontre, et même de cadavres.

En général, il n'attaque pas l'homme; mais quand il est

Fig. 28. — Chacal.

pressé par la faim, il peut devenir dangereux.

L'*hyène* (fig. 29), qui vit en Afrique, a les pattes de devant plus longues que celles de derrière; elle n'at-

Fig. 29. — Hyène.

taque pas en général les animaux vivants; elle sort la nuit et se nourrit des corps d'animaux morts qu'elle peut rencontrer, parfois même, elle pénètre dans les cimetières, déterre les cadavres et s'en repait.

41. L'ours. — Rarement il nous est possible de voir les animaux dont nous venons de parler. Il n'en est pas de même de l'*ours*; parfois un bateleur passe dans les villages; il conduit un ours qu'il fait danser sur la place publique.

L'ours (fig. 30) est un gros animal à la démarche lourde et peu gracieuse; il se déplace en appuyant sur le sol la plante des pieds.

Fig. 30. — Ours.

Il court difficilement, mais il grimpe aux arbres avec une agilité surprenante; il se dresse volontiers sur ses pattes de derrière, et il attaque, saisit et étreint fortement avec ses pattes de devant.

Fig. 31. — Ours blanc.

---

41. — *Faites la description de l'ours. Comment vit-il? Y a-t-il plusieurs espèces d'ours?*

La peau de l'ours est recouverte de poils longs qui forment une fourrure épaisse.

On connaît plusieurs espèces d'ours. Dans les Alpes, les Pyrénées, on rencontre l'*ours brun* : c'est un animal qui n'attaque jamais l'homme, et dont la chair est estimée. Dans les régions glacées du Nord vit l'*ours blanc* (fig. 31) ; l'hiver, il s'approche des bords de la mer et se nourrit de poissons qu'il prend en plongeant, ou de phoques qu'il poursuit à la nage.

42. Quelques animaux nuisibles. — Les animaux féroces, dont nous venons de parler, sont tous nuisibles,

Fig 32. — Rat.

car ils causent presque toujours des dégâts considérables. Sauf le loup et l'ours, on ne les trouve pas en Europe.

Mais il existe des animaux qui, sans être féroces, ne sont pour l'homme d'aucune utilité ; ils lui font au contraire plus de mal que de bien ; ce sont donc des *animaux nuisibles*.

Nous en avons déjà cité quelques-uns, en parlant des animaux à fourrure. Nommons encore les plus connus.

Le *blaireau* ressemble à l'ours, mais il est plus petit ; il est de la taille d'un chien de berger ; il vit seul, et avec ses ongles solides et très aigus, il se creuse un ter-

---

42. — *Qu'est-ce que les animaux nuisibles ? Parlez du rat, de la souris, du surmulot, du campagnol.*

rier. Il se nourrit de fruits et de petits animaux. Avec ses poils, on fait des brosses, mais le profit qu'on en

retire ne compense pas les dégâts qu'il cause.

Fig. 33. — Souris.

Vous connaissez certainement les *rats* (fig. 32) et les *souris* (fig. 33) : ce sont de petits animaux qui vivent dans les maisons, aux dépens de l'homme. Ils s'attaquent à tout ce qu'ils rencontrent ; ils dévorent les provisions, le linge, les vêtements, le papier ; leur voracité en fait des animaux essentiellement nuisibles.

Fig. 34. — Mulot.

Fig. 35. — Campagnol.

Il existe une espèce de rat, le *surmulot*, qui vit dans les caves, les égouts, où il cause des dégâts considérables.

Le *mulot* (fig. 34), à peine plus gros que la souris,

vit dans les champs, les jardins, les bois, et mange les graines, l'écorce des arbres.

Le *campagnol* ou *rat des champs* (fig. 35), vit dans des trous qu'il se creuse dans la terre, et dans lesquels il entasse des provisions pour l'hiver. C'est un véritable fléau pour les cultivateurs.

SIXIÈME LEÇON

LES MAMMIFÈRES

43. Différences et ressemblances entre les animaux domestiques, sauvages, féroces. — Les animaux que nous avons étudiés précédemment présentent entre eux des différences bien caractérisées. Examinons le bœuf et le chat : quelles différences remarquons-nous entre ces animaux ?

Le bœuf est gros, le chat est petit ; le bœuf a un poil ras, le chat a un poil plus long et plus soyeux ; chez le bœuf, on remarque des cornes sur la tête, deux sabots aux pieds ; le chat n'a pas de cornes ; au lieu de sabots, il a des griffes recourbées, robustes et acérées.

Le bœuf est organisé pour manger de l'herbe ; le chat se nourrit surtout de chair ; ainsi ces deux animaux paraissent bien différents l'un de l'autre.

A MONTRER. — 1° *Tableaux et images :* Mâchoires du chat ; — mâchoires du hérisson ; — hérisson ; — taupe ; — chauve-souris : — mâchoires du lapin ; — mâchoires de la vache ; — estomac d'un ruminant ; — éléphant ; — baleine. — 2° *Objets :* Tête de chat ; — tête de hérisson ; — hérisson ; — taupe ; — chauve-souris ; — tête de lapin.

N'ont-ils pas cependant quelques ressemblances ? Sans doute, ils n'ont pas la même grosseur, ils ne vivent pas de la même façon ; mais le corps du bœuf ne diffère pas beaucoup, dans son ensemble, de celui du chat : nous y voyons une tête, quatre pattes, une queue, le tout disposé dans le même ordre ; la peau des deux animaux est recouverte de poils. Ainsi le bœuf et le chat se ressemblent sous certains rapports.

44. Les mammifères. — Il existe dans la nature un nombre considérable d'animaux ; on ne peut songer à les étudier séparément : cela demanderait trop de temps, et aussi du travail inutile.

On a donc réuni dans un même groupe des animaux qui ont entre eux un certain nombre de ressemblances : on les a *classés*. Les animaux dont nous avons parlé jusqu'ici ont été classés en trois groupes : *animaux domestiques, animaux sauvages, animaux féroces.*

Mais tous ces animaux peuvent ne former qu'un seul grand groupe ; ils ont le corps couvert de poils ; ils ont quatre pattes ; ils respirent tous dans l'air ; leurs petits se nourrissent du lait de leur mère ; ce lait est fourni par des *mamelles :* aussi on leur a donné le nom général de *mammifères.* Le bœuf, le cheval, le porc, le lapin, le lion, le chat, quelles que soient les différences qui existent entre eux, sont des mammifères.

Questionnaire. — **43.** — *Quelles différences, quelles ressemblances remarque-t-on entre le bœuf et le chat?*

44. — *Pourquoi a-t-on classé les animaux? Qu'est-ce que les mammifères?*

45. Division des mammifères. — Mais c'est surtout dans la manière de vivre que les mammifères ne se ressemblent pas. Le bœuf mange de l'herbe; le lion se nourrit de chair; il est facile de comprendre que ces deux animaux ne sont pas organisés tout à fait l'un comme l'autre : les dents du bœuf, par exemple, ne seront pas en tout semblables à celles du lion. Le bœuf n'a qu'à couper l'herbe dont il se nourrit; le lion est obligé de poursuivre sa proie, de la saisir avec des griffes puissantes; le bœuf n'a pas besoin de griffes.

On peut donc *classer* les mammifères en un certain nombre de groupes, d'après la manière dont ils se nourrissent.

46. Les carnivores. — Le lion, le tigre, la panthère, tous les animaux féroces se nourrissent de chair. Il en est de même du chat, qui fait la chasse aux souris et aux rats. Lorsque nous les avons étudiés, nous avons parlé de leurs griffes fortes et tranchantes. Voyons comment ils peuvent déchirer la chair et la dévorer.

Fig. 36. — Mâchoire de chat.

Si l'on examine la mâchoire d'un chat (fig. 36), on remarque que toutes les dents y sont très pointues.

45. — *Les mammifères sont classés d'après la manière dont ils se nourrissent : pourquoi? Exemple du bœuf et du lion.*

46. — *Qu'est-ce qui distingue les carnivores? Citez les principaux carnivores.*

Chez l'homme, les dents du fond de la bouche, les *molaires*, sont plates, elles sont destinées à écraser, à broyer les aliments. Le chat qui se nourrit de chair n'a pas besoin de broyer longtemps; il faut au contraire que toutes ses dents puissent couper la chair; aussi ses molaires ne sont pas plates, elles sont tranchantes.

Les dents qui se trouvent sur le côté de la gueule, les *canines*, sont plus longues, plus pointues et plus tranchantes que les autres; chez les animaux féroces, elles sont très développées; elles leur servent à déchirer la proie.

Tous les animaux qui ont les mêmes *caractères* que le chat, c'est-à-dire dont les dents sont pointues et tranchantes, propres à déchirer et à couper la chair, sont appelés des *carnivores*; le lion, le tigre, la panthère, le renard, le loup, la loutre, etc., sont des mammifères carnivores.

47. Les insectivores. — Avez-vous déjà vu un *hérisson* (fig. 37)? C'est un petit animal au museau allongé et effilé, dont le corps est recouvert de piquants.

Si nous examinions la mâchoire d'un hérisson, nous verrions que les dents canines ne sont pas très développées; les *molaires* ne sont pas tranchantes, comme celles du chat; elles sont garnies de pointes : pourquoi cela? C'est que le hérisson se nourrit d'insectes, dont le corps est recouvert d'une sorte de peau dure, ou *carapace*; il lui faut broyer cette carapace; il le peut,

47. — *Comment est faite la mâchoire du hérisson? Quels sont les principaux insectivores? Parlez de la chauve-souris.*

grâce aux pointes de ses molaires : le hérisson est un
insectivore.

Fig. 37. — Hérisson.

La *taupe* (fig. 38), qui vit sous la terre, où elle se
creuse des galeries, est
aussi un insectivore.

Il existe un petit mammi-
fère insectivore qui ne cherche pas les insectes sur le
sol ou sous la terre ; c'est
la *chauve-souris* (fig. 39),

Fig. 38. — Taupe.

qui vole dans l'air comme un oiseau. Comment peut-elle

Fig. 39. — Chauve-souris.

voler ? elle a donc des ailes ? Pas du tout ; mais les

membres de devant sont très longs, ainsi que les doigts; la peau du ventre se relie à ces membres, s'étend entre les doigts, et forme comme une espèce d'aile, grâce à laquelle l'animal peut voler.

48. Les rongeurs. — Vous connaissez le lapin, dont nous avons déjà parlé; ce n'est pas un mangeur de chair, comme le chat; il se nourrit d'herbe; il mange aussi des racines, comme les carottes; il ronge également ment le bois.

Fig. 40. — Mâchoire de lapin.

Comment cela? Puisque le lapin n'est pas carnivore, il n'a pas besoin de dents canines, pour déchirer la chair; sa mâchoire en effet, n'a pas de canines (fig. 40). Avec quoi coupe-t-il l'herbe et les substances dures qu'il ronge? Avec les dents de devant, ou *incisives*. Ces dents sont longues, taillées en forme de coin; elles sont très tranchantes.

Les molaires ne sont pas coupantes, mais plates; elles doivent seulement servir à broyer les matières rongées par les incisives. Ces dernières, à force de ronger, s'usent constamment; mais elles repoussent, de la même manière que les ongles ou les cheveux que l'on coupe.

Ainsi le lapin a les dents incisives longues et tran-

48. — *Comment est faite la mâchoire du lapin? Qu'est-ce que les rongeurs? Quels sont les principaux rongeurs?*

chantes, frottant les unes contre les autres à la façon d'une lime ; il n'a pas de canines ; les molaires sont plates : le lapin est un *mammifère rongeur*.

Les animaux qui présentent les mêmes caractères que le lapin sont des rongeurs ; parmi ceux que nous avons étudiés, citons : le lièvre, le castor, l'écureuil, le rat, la souris.

49. Les ruminants. — Le bœuf, la vache, le mouton mangent de l'herbe, mais ils ne rongent pas comme le lapin. Avez-vous déjà vu une vache à l'étable ou dans un pré ? Elle mange l'herbe qu'elle a devant elle ou coupe celle du pré. Quand elle a bien mangé, elle se couche.

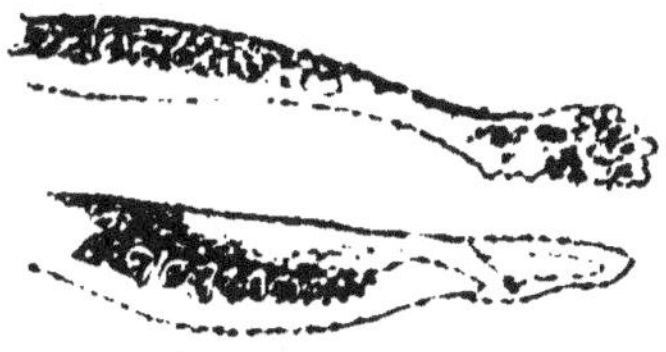

Fig. 41. — Mâchoire de vache.

On la voit alors continuer à mâcher, à broyer de l'herbe : où la prend-elle ?

La vache est un animal *herbivore* ; elle n'a donc pas de canines ; avec quoi coupe-t-elle l'herbe ? avec ses incisives ; or en regardant les dents d'une vache, on remarque qu'elle n'a pas d'incisives à la mâchoire supérieure (fig. 41). L'herbe est coupée par les incisives de la mâchoire inférieure qui s'appuient sur l'os de la mâchoire supérieure.

Les molaires sont très plates ; elles sont destinées à broyer l'herbe coupée par l'animal.

49. — Que fait la vache quand elle mange ? Qu'est-ce que les ruminants ? Quels sont les principaux ruminants ?

Cette herbe coupée, puis mâchée, broyée une première fois, se rend dans l'estomac (fig. 42). Elle revient

Fig. 42. — Estomac de ruminant.

ensuite dans la bouche, où elle est mâchée une seconde fois, d'une manière plus complète : à ce moment, on dit que la vache *rumine*; c'est un *mammifère ruminant.*

Les animaux tels que le mouton, la chèvre, le chameau, le cerf, le chevreuil, le daim, le renne, qui présentent les mêmes caractères que la vache, sont aussi des ruminants.

50. Les mammifères à peau épaisse. — Parmi les animaux qui se nourrissent d'herbe, et qui ne sont ni des rongeurs, ni des ruminants, il en est qui ont la peau épaisse, bien qu'il y ait entre eux de grandes différences dans la forme et la manière de vivre; on les nomme des *pachydermes*, mot qui veut dire *animaux à peau épaisse.* Parmi ceux que nous avons étudiés, le cheval, l'âne, le mulet, le porc, le sanglier sont des *pachydermes.*

Vous avez peut-être déjà vu, dans une ménagerie, un *éléphant* (fig. 43) : c'est aussi un pachyderme; il a la peau tellement épaisse qu'une balle de fusil ne peut la traverser.

---

50. — *Quels sont les animaux à peau épaisse ? Faites la description de l'éléphant.*

C'est un gros animal qui vit en Asie et en Afrique.
De sa bouche sortent deux dents très grosses, qu'on
appelle des *défenses*. Au lieu de nez, il a une *trompe*
longue et flexible, qui constitue pour lui une arme
redoutable ; il s'en sert comme d'une main pour porter

Fig. 43. — Éléphant.

à la bouche les herbes et les jeunes pousses d'arbres
dont il fait sa nourriture.

51. La baleine. — Il existe encore d'autres groupes
de mammifères.

Nous n'en parlerons pas ici. Contentons-nous de
citer un animal qu'on est parfois tenté de considérer
comme un poisson, parce qu'il vit dans la mer : c'est la
baleine.

---

51. — *La baleine est-elle un poisson ou un mammifère ?*

La *baleine* (fig. 44) ressemble à un poisson ; les pattes de devant sont disposées en forme de nageoires ; celles de derrière manquent et sont remplacées par

Fig. 44. — Baleine.

une énorme queue ; malgré cela, la baleine n'est pas un poisson ; c'est un mammifère, qui allaite ses petits, comme le font la vache et la brebis ; de temps en temps, elle est obligée de venir respirer à la surface de l'océan.

SEPTIÈME LEÇON

OISEAUX DOMESTIQUES : POULE, CANARD, PIGEON, ETC.

52. Oiseaux domestiques. — Qui de vous a déjà visité une ferme? En y entrant, vous aurez remarqué une grande cour dans laquelle le fermier dépose le fumier des écuries et des étables; des poules, des canards courent de tous les côtés, cherchant des grains ou de petits vers. Cette cour se nomme la *basse-cour*, et les oiseaux qu'on y trouve sont les *oiseaux de basse-cour*, qu'on appelle encore *oiseaux domestiques*.

La poule et le canard ne sont pas les seuls oiseaux domestiques élevés à la ferme : vous connaissez encore l'oie, le *dindon*, le *pigeon*, et aussi la *pintade*. Ces oiseaux domestiques sont encore quelquefois désignés

---

A MONTRER. — 1° *Tableaux et images :* Une basse-cour ; — poule ; — coq ; — poule couveuse ; — poussin sortant de l'œuf ; — poules de Barbezieux, de Crèvecœur, de Houdan, du Mans ; — canard ; — pigeon ; — oie ; — dindon ; — pintade ; — paon. — 2° *Objets :* Ceux de ces oiseaux qui sont conservés dans le cabinet d'histoire naturelle ; — coquille d'œuf : de poule, de cane, de pigeon, de pintade ; — plumes de paon.

sous le nom de *volailles* : ils fournissent à l'homme des aliments variés et excellents, œufs et chair ; ils donnent aussi des produits divers, de la plume, du duvet.

53. **La poule.** — Le plus important des oiseaux domestiques est assurément la *poule*.

Vous connaissez la *poule* (fig. 45) ; c'est un oiseau assez gros, avec des ailes courtes ; aussi elle vole mal ; par contre, elle a des pattes fortes, disposées pour la marche : ces pattes sont armées d'ongles très durs avec lesquels la poule gratte la terre pour y trouver des grains ou des vers. Le bec est court, légèrement recourbé et très fort.

Fig. 45. — Poule.

A la ferme, les poules ne coûtent pas cher à nourrir ; sans cesse, elles sont dans la cour ou dans les champs, à la recherche de grains, de vers ou même d'insectes. Pourtant, lorsqu'on veut les engraisser, surtout les *poulets*, on leur donne du lait ou des pâtées de son.

La poule est recherchée pour sa chair délicate ; tous, vous avez déjà mangé du poulet ; mais elle pond des

---

œufs que l'homme utilise pour son alimentation : ils constituent une nourriture excellente pour les enfants, les malades, et en général pour toutes les personnes qui ont l'estomac délicat.

Une bonne poule peut pondre jusqu'à 200 œufs par an. Tous les jours la fermière va chercher dans le *poulailler*, et même dans la grange, les œufs qui viennent d'être pondus ; elle en vend une certaine quantité ; ces œufs seront mangés sans retard, car si on les gardait trop longtemps, ils finiraient par se gâter.

On conserve pourtant les œufs au moyen de divers procédés, mais les œufs frais sont toujours préférables aux *œufs conservés*.

54. Les poussins ; le coq. — Tous les œufs ne sont pas utilisés pour l'alimentation de l'homme ; la fermière en met de côté une certaine quantité pour les faire *couver* par les poules : ces œufs donneront naissance à des petits qu'on appelle des *poussins*.

La poule qui couve se couche sur les œufs, de manière à les bien couvrir de son corps et de ses ailes ; elle leur communique une chaleur toujours égale. Au bout d'une vingtaine de jours, on voit les *poussins* sortir de l'œuf, après en avoir brisé la coquille.

Les poussins se mettent aussitôt à courir et à chercher leur nourriture ; mais de temps en temps,

---

54. — *Comment la poule couve-t-elle? Que font les poussins, une fois sortis de l'œuf? Parlez du coq, ainsi que des différentes races de poules.*

4.

ils reviennent se placer sous les ailes de la mère pour se mettre à l'abri d'une attaque ou se réchauffer.

Le mâle de la poule se nomme le *coq* (fig. 46); c'est un bel oiseau au plumage brillant; il a sur la tête une crête rouge, et, en dessous, deux parties charnues et pendantes, rouges également. Les plumes de la queue se redressent en forme de panache; les pattes sont armées d'une sorte d'éperon.

Fig. 46. — Coq.

Le coq est comme le roi de la basse-cour; il vit au milieu des poules qu'il protège; il s'avance majestueusement, le cou relevé fièrement; il gratte la terre, et dès qu'il trouve quelque nourriture, il appelle ses poules pour la leur laisser. Vous connaissez bien son chant, *co-co-ri-co*; de grand matin, il le fait entendre; aussi dit-on qu'il est un réveille-matin pour les paysans.

Il existe différentes races de poules; les principales sont : la race *commune*, que l'on rencontre un peu partout; la race de *Barbezieux*, au plumage noir, basse sur jambes; la race de *Crèvecœur*, à jambes courtes et fortes, au plumage noir, ou panaché de blanc; la tête est surmontée d'une huppe; la race de *Houdan*, qui donne beaucoup d'œufs, ainsi qu'une chair délicate; la race du *Mans*, bien connue pour ses *chapons* et ses *poulardes*, ainsi, du reste, que la race de *Bresse*.

55. Le canard. — Le *canard* (fig. 47) diffère de la poule ; les pattes sont moins hautes, les doigts sont réunis par une peau, de sorte que la patte a l'air d'une rame ; on dit que le canard a les pattes *palmées*. Il va volontiers sur l'eau ; il a un bec large, plat et dentelé, qui lui permet de fouiller dans la vase, afin d'y chercher sa nourriture.

Le canard est élevé pour sa chair, qui n'est pourtant pas aussi délicate que celle de la poule ; il fournit aussi des plumes et un duvet très

Fig. 47. — Canard.

fin et très doux, avec lequel on fait des oreillers et des édredons. La femelle, la *cane*, donne des œufs, de couleur verdâtre, moins bons que ceux de la poule, mais très estimés en pâtisserie.

Le canard est très glouton ; il mange tout ce qu'il rencontre ; aussi n'est-il pas difficile à nourrir. Mais c'est surtout dans l'eau des rivières et des mares qu'il trouve sa nourriture.

---

55. — *Faites la description du canard. Pourquoi élève-t-on le canard ?*

56. Le pigeon. — Quand, dans la basse-cour, la fermière donne à manger aux poules et aux canards, les *pigeons*, perchés sur le toit ou à l'entrée du *pigeonnier*, s'empressent de s'abattre au milieu des autres oiseaux, et de prendre leur part des grains distribués.

Le *pigeon* (fig. 48) est plus petit que la poule, mais il a les ailes longues et peut voler très longtemps. Il ne reste pas dans la basse-cour, comme les autres oiseaux domestiques. Il rentre au *pigeonnier*, pour s'y coucher ; la femelle y pond ses œufs et les couve ; mais dans la

Fig. 48. — Pigeon.

journée, le pigeon s'envole dans les champs, parfois à une assez grande distance, pour y chercher quelque nourriture.

La chair du pigeon est excellente, particulièrement celle des *pigeonneaux*, jeunes pigeons que l'on tue lorsqu'ils ont quelques semaines.

Il existe diverses variétés de pigeons, qui diffèrent les unes des autres par la grosseur, la couleur et aussi le genre de vie. Outre les pigeons qui vivent dans nos basses-cours, et qu'on élève pour leur chair, nous pou-

---

56. — *Qu'est-ce que le pigeon? Comment vit-il? Pourquoi l'élève-t-on? Qu'est-ce que le pigeon voyageur?*

vons citer le *pigeon voyageur*. Cet oiseau a les ailes longues et très robustes ; il peut parcourir en volant des distances considérables. Lorsqu'on le transporte loin de son pigeonnier et qu'on lui rend la liberté, il y revient avec une extrême rapidité.

On utilise cette précieuse qualité du pigeon voyageur pour lui faire transporter des dépêches.

57. L'oie. — L'*oie* (fig. 49), qui vit aussi dans la basse-cour, est plus grosse que le canard ; comme lui, elle a les pattes palmées, le bec plat, large et dentelé ; elle va sur l'eau des ruisseaux et des mares, mais beaucoup moins que le canard.

Elle est très vorace ; elle mange des graines

Fig. 49. — Oie.

et des herbes quelle coupe avec son bec ; dans la basse-cour, on peut lui donner des pommes de terre, des betteraves, et toutes sortes de déchets.

L'oie nous donne sa chair qui est très estimée, son duvet, dont on fait des coussins, ses plumes, dont on se sert pour écrire.

57. — Faites la description de l'oie. Que nous donne-t-elle ?

Lorsqu'elle a été engraissée, son foie pèse quelquefois jusqu'à un kilogramme : on en fait des *pâtés de foie gras,* très recherchés des gourmets.

58. Le dindon ; la pintade. — Le *dindon* est plus gros que la poule ; son poids peut atteindre huit et même

Fig. 50. — Pintade.

dix kilogrammes. Il est généralement de couleur noire ; les plumes de sa queue peuvent se redresser et s'étaler en éventail.

----

58. — *Parlez du dindon et de la dinde : que produisent-ils ? Qu'est-ce que la pintade ? Par qui fait-on couver les œufs de pintade ?*

La *dinde* ne pond guère qu'une trentaine d'œufs par an ; mais elle est bonne couveuse ; très souvent, on lui donne à couver des œufs de poule.

Les jeunes *dindonneaux* sont très difficiles à élever ; ils craignent surtout l'humidité.

La chair du dindon est excellente, surtout quand il n'est pas trop vieux et qu'il a été engraissé.

La *pintade* (fig. 50) est de la taille d'un coq ; elle ressemble un peu au dindon ; elle a un cri désagréable.

Sa chair est plus délicate que celle de la poule ; ses œufs sont excel-

Fig. 51. — Paon.

lents ; mais la pintade, quoique habitant les basses-cours, est restée sauvage ; elle circule autour des fermes et pond dans les broussailles ou dans les haies.

Sa nature vagabonde la rend mauvaise couveuse ; aussi fait-on couver ses œufs par une poule ou par une dinde ; les petites pintades sont difficiles à élever ; elles redoutent surtout l'humidité.

59. Le paon. — Parmi les oiseaux domestiques, il convient encore de citer le *paon*.

Le *paon* (fig. 51) a un cri désagréable, mais un plumage admirable. On l'élève en liberté dans les parcs et même dans les grandes fermes.

Il a la tête ornée d'une aigrette; les plumes de la queue sont longues et peuvent se redresser en forme d'éventail : on dit alors que le paon *fait la roue*. Ces plumes tombent tous les ans; on les utilise comme parure. La chair, surtout celle des jeunes paons, est très estimée.

---

59. — *Qu'est-ce que le paon? Faites-en la description; quand dit-on qu'il fait la roue?*

HUITIÈME LEÇON

OISEAUX CHANTEURS : ROSSIGNOL, FAUVETTE, ETC. RAPACES : AIGLE, VAUTOUR, HIBOU, ETC.

60. Oiseaux chanteurs. — De tous les oiseaux dont nous avons parlé, il n'en est aucun qui ait une voix agréable ; le gloussement de la poule, le cri du canard, de l'oie ou de la pintade n'ont rien de gracieux ; seul, le coq a un chant sonore, mais toujours le même.

Il existe des oiseaux qui chantent ou sifflent admirablement ; ils font entendre des sons variés, dont l'ensemble produit des airs parfois charmants ; on les nomme des *oiseaux chanteurs*.

Vous connaissez quelques-uns de ces oiseaux ; vous avez déjà vu, dans une cage, un *serin* ou un *pinson* ; plus heureux sont ceux qui vivent en liberté, dans les champs ou dans les bois.

A Montrer. — 1° *Tableaux et images* : Rossignol ; — fauvette ; — pinson ; — loriot ; — serin ; — merle ; — perroquet ; — sansonnet ; — pie ; — aigle ; — vautour ; — autour ; — épervier ; — faucon ; — buse ; — hibou ; — chouette ; — chat-huant. — 2° *Objets* : Oiseaux empaillés.

Les oiseaux chanteurs se rencontrent principalement parmi les petits oiseaux ; ils se font entendre surtout le matin, au lever du soleil, et le soir, après son coucher. Les principaux sont : le *rossignol*, la *fauvette*, le *pinson*, le *loriot*, le *serin*, le *merle*, etc.

61. Le rossignol, la fauvette. — Le *rossignol* n'est pas un bel oiseau ; il a le dessus du corps brun roussâtre et le dessous gris ; il construit son nid dans les buissons ou sur les arbres, avec des herbes, des feuilles et du crin.

Il a un chant mélodieux qu'il fait entendre le soir, dans les bois et dans les bosquets. Quand tout est calme dans la nature, le rossignol lance ses roulades harmonieuses. Aucun oiseau ne peut lui être comparé ; sans doute quelques-uns, comme le serin, le pinson, la fauvette se font écouter avec plaisir lorsque le rossignol se tait, mais il les dépasse tous par la variété de son ramage.

La *fauvette* vit dans les haies et les buissons ; son plumage est brun cendré et gris en dessous ; elle est vive, légère, et voltige de branche en branche, tout en chantant.

Son chant est gracieux, particulièrement celui de la *fauvette à tête noire*, qui approche de celui du rossignol.

Questionnaire. — **60.** — *Qu'appelle-t-on oiseaux chanteurs ? Nommez les principaux.*

61. — *Parlez du rossignol. A quel moment de la journée chante-t-il ? Parlez de la fauvette.*

Le rossignol et la fauvette arrivent en France en avril ; ils vont passer l'hiver dans les pays chauds.

62. Autres oiseaux chanteurs. — Le *pinson* a le plumage brun en dessus et un peu roux sous le cou ; il a deux bandes blanches sur les ailes ; il fait son nid sur les arbres des vergers ou des promenades. Son chant est vif, animé, un peu monotone.

Lorsqu'on l'élève en cage, il imite assez facilement celui des autres oiseaux.

Le *loriot* est de couleur jaune, avec une tache noire entre les yeux et le bec ; les ailes et la queue sont noires. La femelle du loriot a le dessus du corps verdâtre.

Il habite la lisière des bois, et fait son nid sur les grands arbres ; son chant est agréable. Il passe l'hiver dans les pays chauds ; on ne peut que difficilement l'élever en cage.

Le *serin* ne se trouve pas en liberté dans nos pays ; il est généralement jaune, parfois avec des nuances verdâtres. Le mâle est un excellent chanteur ; la *serine* ne chante pas ; elle fait entendre une sorte de petit cri, peu agréable.

Le *merle* est un oiseau tout noir, avec le bec jaune ; il est très défiant ; mais il s'apprivoise facilement quand il est pris jeune ; il siffle très bien ; il peut même répéter, quand on l'élève en cage, les airs qu'on lui apprend.

---

62. — *Qu'est-ce que le pinson ? le loriot ? le serin ? le merle ?*

63. Les oiseaux parleurs. — Indépendamment des oiseaux qui chantent ou qui sifflent, il en est d'autres qui imitent la voix de l'homme avec une perfection plus ou moins grande.

Vous avez entendu parler des *perroquets ;* peut-être même en avez-vous déjà vu quelques-uns dans des cages.

Le *perroquet* (fig. 52) que l'on élève dans nos pays est généralement de couleur verte ; dans les pays chauds, où il vit en liberté, il a des couleurs variées. Il a le bec gros et recourbé, la langue épaisse et charnue ; il marche lourdement.

Le perroquet parle assez distinctement ; il peut même dire une phrase tout entière ; il imite

Fig. 52. — Perroquet.

facilement ce qu'il entend : il rit, il pleure, il tousse, il miaule, il aboie. Le perroquet s'apprivoise aisément.

Le *sansonnet,* au plumage sombre, est aussi un oiseau parleur ; il s'apprivoise sans difficulté et se plaît à répéter les airs qu'il entend, et même les phrases prononcées devant lui. En liberté, il n'a qu'un cri perçant, peu harmonieux.

Le *geai* est un bel oiseau, de couleur grise, avec des raies bleues sur les ailes. La *pie* est un oiseau noir et

---

63. — *Qu'appelle-t-on oiseaux parleurs ? Décrivez le perroquet, le sansonnet, le geai, la pie.*

blanc, à longue queue. Ces deux oiseaux font des provisions pour l'hiver ; ils ramassent tout ce qu'ils rencontrent ; ils peuvent l'un et l'autre retenir et répéter
quelques mots.

64. Les rapaces. — Lorsque la fermière donne à
manger aux oiseaux de la basse-cour, elle leur distribue surtout des grains ; les petits oiseaux chanteurs
se nourrissent particulièrement de graines ou d'insectes qu'ils trouvent dans la campagne.

Il existe des oiseaux qui se nourrissent de viande ;
ils ont des ongles très robustes et recourbés, qu'on
nomme des *serres*, et avec lesquels ils saisissent les
animaux dont ils se nourrissent.

Leur bec, crochu, acéré et très fort, leur sert à
déchirer la chair ; on les nomme des *oiseaux de proie*
ou des *rapaces*.

Quelques-uns de ces rapaces chassent pendant le
jour : ce sont des *rapaces diurnes* ; d'autres ne chassent que la nuit : on les appelle *rapaces nocturnes*.

65. L'aigle. — L'*aigle* (fig. 53) est un rapace diurne ;
il habite les montagnes. C'est un gros oiseau, d'environ
un mètre de long. Son plumage est de couleur fauve,
un peu sombre. Il a les pattes très fortes, les ailes puissantes, la vue perçante.

---

64. — *Qu'appelle-t-on rapaces? rapaces diurnes ? rapaces nocturnes?*

65. — *Faites la description de l'aigle. Comment saisit-il sa
proie?*

Lorsque, planant dans les airs, à une grande hau-

Fig. 53. — Aigle.

teur, il aperçoit une proie dans la plaine, il s'élance sur elle comme une flèche, la saisit dans ses serres avec une force irrésistible, l'enlève et l'emporte près de son nid. Ce nid ou *aire* est généralement placé dans les creux des rochers.

Les *aiglons* sont très voraces: aussi les parents sont-ils toujours en chasse; ils enlèvent des lapins, des lièvres, des perdrix, et même des faons et des moutons; on a même vu des aigles enlever de jeunes enfants.

66. Le vautour. — Le *vautour* (fig. 54) est encore un rapace

Fig. 54. — Vautour.

---

66. — *Qu'est-ce que le vautour? le condor?*

diurne ; il est très rare en France ; on trouve, dans l'Amérique du Sud, une espèce de vautour qu'on nomme le *condor*.

Le vautour a une partie de la tête et même le cou dépourvus de plumes. Ses serres sont moins robustes que celles de l'aigle ; aussi se nourrit-il le plus souvent de proie morte ; il recherche les cadavres en putré-faction et en débarrasse les pays qu'il habite.

67. Autres rapaces diurnes. — Parmi les rapaces diurnes qui vivent dans nos pays, il faut encore citer l'*autour*, l'*épervier*, le *faucon*, la *buse*.

L'*autour*, de couleur brune, habite les montagnes et les collines boisées ; il se nourrit de pigeons, de poules, de lapins, de rats. La femelle est plus grosse que le mâle, auquel on donne parfois le nom de *tiercelet*.

L'*épervier* a le même plumage que l'autour, mais il est plus petit ; il est à peu près gros comme une pie ; le mâle est encore appelé *émouchet*. L'épervier habite la lisière des bois ; il se nourrit de taupes, de souris, d'alouettes, de moineaux.

Le *faucon* est de la grosseur d'une poule ; il a le vol puissant, le bec très fort. On le rencontre surtout dans les Alpes et dans les Pyrénées ; il se nourrit de pigeons, de poules, de faisans. Autrefois, on se servait du faucon pour chasser le gibier.

---

67. — *Qu'est-ce que l'autour, l'épervier, le faucon, la buse? De quoi se nourrissent-ils ?*

68. Les rapaces nocturnes : hibou, chouette. — Parmi les *rapaces* qui ne chassent que la nuit, citons en premier lieu le *hibou* et la *chouette.*

Avez-vous déjà vu un *hibou ?* Il est moins gros que la poule ; mais la tête est très grosse, par rapport au reste du corps ; les yeux, au lieu d'être placés sur le côté, comme ceux des rapaces diurnes, sont tournés en avant.

Fig. 55. — Chouette.

Le hibou a le plumage fauve, avec des taches brunes ; il s'établit dans le creux des rochers ; il en sort la nuit pour chercher sa nourriture ; il fait la chasse aux rats, aux souris, aux mulots, et parfois aussi aux petits oiseaux.

La *chouette* (fig. 55) ressemble au hibou, mais elle est plus petite ; le hibou a sur la tête deux aigrettes de plumes, la chouette n'en a pas. Comme le hibou, elle fait la guerre aux souris, aux rats, aux mulots ; elle niche dans les trous des vieux murs, et en sort la nuit, en poussant un cri lugubre.

Le *chat-huant,* ou *chouette des bois,* habite les bois ; il se retire dans les vieux troncs d'arbres. Il fait une guerre acharnée aux mulots et aux campagnols.

Les rapaces nocturnes voient clair pendant la nuit ;

---

68. — *Décrivez le hibou, la chouette, le chat-huant. Quels services les rapaces rendent-ils à l'agriculture ?*

la lumière du soleil les éblouit, et lorsqu'ils sont forcés de sortir le jour, ils semblent hébétés.

Les oiseaux de proie, surtout les nocturnes, rendent de grands services à l'agriculture en détruisant une foule de petits animaux, ennemis du cultivateur. Pourtant les paysans, sous prétexte qu'ils mangent quelques petits oiseaux, ne savent pas reconnaître leurs services ; dans certains pays, lorsqu'ils peuvent s'emparer d'un hibou ou bien d'une chouette, ils les clouent vivants à la porte d'une grange : c'est de l'ingratitude et de la cruauté.

NEUVIÈME LEÇON

OISEAUX MIGRATEURS : CIGOGNE, CAILLE, HIRONDELLE, ETC. — GIBIER A PLUMES.

69. Oiseaux migrateurs. — La poule, l'oie, le canard ne quittent pas la basse-cour ; ils y passent toute leur vie. La plupart des oiseaux sauvages restent dans les lieux où ils sont nés.

Quelques-uns cependant accomplissent chaque année de grands voyages. En parlant du rossignol, de la fauvette, du loriot, nous avons dit que ces oiseaux vont passer l'hiver dans les pays chauds, et qu'ils ne reviennent chez nous qu'au printemps.

Il en est d'autres qui habitent les pays froids pendant la belle saison ; quand vient l'hiver, ils quittent les régions septentrionales et viennent dans nos pays, à la recherche d'un climat moins rigoureux.

Tous les oiseaux qui vont ainsi d'un pays dans un autre, suivant les saisons, sont appelés *oiseaux migra-*

A MONTRER. — 1 *Tableaux et images :* Cigogne sur un toit ; — grue ; — caille ; — départ des hirondelles ; — perdrix ; — faisan ; — vol de canards sauvages ; — alouette ; — grive ; — poule d'eau ; — chien en arrêt. — 2ª *Objets :* Oiseaux empaillés.

leurs. Indépendamment de ceux que nous avons déjà nommés, nous pouvons encore citer la *cigogne*, la *caille*, l'*hirondelle*.

70. La cigogne. — La *cigogne* est un oiseau que l'on rencontre surtout en Alsace et en Lorraine ; elle a de longues pattes, dégarnies de plumes ; on dirait qu'elle est montée sur des échasses. Son cou est long et peut se replier sur lui-même ; le bec est fort et allongé.

Elle vit généralement sur le bord des rivières et des étangs ; la longueur de ses pattes lui permet d'entrer et de marcher dans l'eau ; elle se nourrit de poissons, de petits serpents, de vers.

En Alsace, la cigogne fait son nid sur les toits et sur les cheminées. Au moment de l'hiver, elle s'en va dans les pays chauds, et ne revient qu'au beau temps ; elle retrouve son nid qui a été respecté par les habitants.

Comme la cigogne, la *grue* émigre pendant l'hiver, et s'en va dans les pays du Midi ; une espèce bien connue est la *grue cendrée*, qui habite les terrains bas et marécageux.

71. La caille. — Il est toujours possible de voir des *cailles* aux devantures des marchands de gibier, lorsque la chasse n'est pas prohibée.

Questionnaire. — **69.** — *Qu'appelle-t-on oiseaux migrateurs ? Quels sont les principaux ?*

70. — *Qu'est-ce que la cigogne ? Où la trouve-t-on ? Qu'est-ce que la grue ?*

71. — *Qu'est-ce que la caille ? Où va-t-elle en hiver ? Pourquoi si fait-on la chasse ?*

La *caille* (fig. 56) ressemble à la perdrix, mais elle est plus petite ; elle construit son nid dans les champs de blé principalement.

Les cailles quittent nos pays dès que la récolte est faite, et s'en vont jusqu'en Afrique. Elles volent lourdement, et cependant elles peuvent traverser la Méditerranée ; mais elles rencontrent en route des îles et des îlots sur lesquels elles se reposent. Elles s'y abattent en si grand nombre que les habitants en prennent des quantités considérables, et que le produit de leur chasse constitue un très important revenu.

Fig. 56. — Caille.

Les cailles s'engraissent facilement ; leur chair est très délicate : c'est un des meilleurs gibiers.

72. L'hirondelle. — On peut voir, pendant la belle saison, de gracieux petits oiseaux, tantôt rasant le sol, tantôt volant à une grande hauteur. On les suit difficilement des yeux dans les nombreux détours qu'ils font dans les airs ; ce sont des *hirondelles*.

L'*hirondelle* (fig. 57) passe l'été dans nos pays ; elle est noire sur le dos et les ailes, et blanche sous le ventre ; elle a un bec très large, qu'elle ouvre tout

---

72. — *Faites la description de l'hirondelle. Quand arrive-t-elle dans nos pays? Où fait-elle son nid ? Est-elle utile? Quand nous quitte-t-elle?*

grand quand elle vole, afin d'engloutir les insectes qu'elle rencontre ; les pattes sont très petites ; aussi l'hirondelle se pose rarement à terre, à cause de la difficulté qu'elle éprouve à reprendre son vol. Les ailes sont très longues, et organisées pour le vol ; la queue est longue et fourchue, et sert à l'oiseau de gouvernail.

Fig. 57. — Hirondelle.

L'hirondelle arrive dans les environs de Paris aux premiers beaux jours d'avril ; elle s'occupe aussitôt de construire son nid ; le plus souvent elle l'établit non loin de celui de l'année précédente, parfois même elle répare ce dernier. Elle le fait avec de la terre gâchée, des brins de paille ; à l'intérieur elle met des plumes ; elle le construit contre les cheminées, dans les hangars, dans les écuries, dans les embrasures des fenêtres.

L'hirondelle rend de grands services à l'agriculture, en dévorant une quantité considérable d'insectes qui causent aux récoltes les plus grands torts.

Elle nous quitte à l'automne. Dans les derniers jours

de septembre, on voit les hirondelles se rassembler sur un arbre, sur les fils télégraphiques, sur la corniche d'un toit ; puis elles s'envolent vers un climat moins rigoureux. Elles traversent la Méditerranée, et, dans les endroits où elles se posent, elles sont l'objet d'une chasse active ; on les prend par milliers, le soir, dans les joncs où elles se réfugient.

73. Le gibier à plumes. — La chair de la plupart des oiseaux migrateurs est excellente ; c'est pourquoi, au moment de leurs migrations, les habitants des pays qu'ils traversent les attendent au passage et en tuent une grande quantité.

Dans nos pays, vivent des oiseaux que l'on chasse pour leur chair, de même qu'on chasse le lièvre, le lapin ; ils constituent le *gibier à plumes*.

74. La perdrix. — Il est peu de personnes qui ne connaissent la *perdrix* ; on peut voir dans la campagne, surtout aux mois d'août et de septembre, des compagnies de perdrix qui s'envolent à l'approche des promeneurs.

La *perdrix* (fig. 58) est plus petite que la poule ; comme cette dernière, elle se nourrit de grains. On distingue deux espèces de perdrix : la *perdrix grise*, dont le plumage est d'un gris cendré, et la *perdrix rouge*, dont le bec et les pattes sont rouges.

La perdrix vole mal, et à une faible hauteur. Elle

73. — *Qu'appelle-t-on gibier à plumes ?*
74. — *Voilez la description de la perdrix. Où fait-elle son nid*

est très répandue dans les champs; elle fait son nid à
terre, dans les blés verts
ou dans les champs de
luzerne et de trèfle. Les
petits, ou *perdreaux*, se
nourrissent d'abord d'œufs
de fourmis; quand ils sont
assez gros, ils mangent des
grains. La chair de la perdrix est très estimée.

Fig. 58. — Perdrix.

La *caille*, dont nous avons parlé à propos des
oiseaux migrateurs, est aussi un gibier très estimé.

75. Le faisan; le canard sauvage. — Dans les forêts,

Fig. 59. — Faisan.

---

75. — *Faites la description du faisan. Qu'est-ce que le canard
sauvage?*

particulièrement aux environs de Paris, on trouve un bel oiseau, au plumage brillant, dont la queue est garnie de longues et jolies plumes : c'est un *faisan*.

Fig. 60. — Canard sauvage.

Le *faisan* (fig. 59) est de la grosseur d'un coq ; il a la tête dorée, avec des reflets verts et bleus, le cou vert, le dos marron, et la queue grise avec des bandes noires ; la femelle est plus petite et moins belle. Sa chair est très estimée ; aussi on l'élève parfois dans des *faisanderies*.

Le *canard sauvage* (fig. 60) a la chair bien plus délicate que celle du canard domestique ; il se montre dans nos pays au mois d'oc-

Fig. 61. — Vol de canards sauvages.

tobre ; il vole très haut (fig. 61), et voyage surtout le soir. Il se tient près des étangs et des rivières, et se nourrit de poissons, de grenouilles, etc. On le chasse généralement au fusil.

76. L'alouette, la grive. — *L'alouette* (fig. 62) est un gibier très recherché, qu'on désigne parfois sous le nom de *mauviette*. C'est un petit oiseau à plumage brun, un peu blanchâtre sous le ventre. Elle fait son nid à terre; elle ne se perche jamais.

On lui fait une chasse acharnée, malgré les services qu'elle rend en dé-

Fig. 62. — Alouette.

truisant des quantités de chenilles, d'insectes, d'œufs de sauterelle.

La *grive* est un oiseau migrateur plus gros que l'alouette. Elle arrive dans nos pays au moment des vendanges; elle se nourrit de limaces et d'escargots, mais en automne elle mange aussi des raisins et d'autres baies; elle engraisse alors rapidement, et constitue à ce moment un gibier très recherché.

77. Le gibier d'eau. — Ce n'est pas seulement dans les champs, dans les prairies, et dans les bois, qu'on trouve des oiseaux dont la chair est excellente; on en rencontre également sur le bord des rivières et des étangs, dans les endroits marécageux; ils forment le *gibier d'eau ;* citons la *poule d'eau*, la *bécasse*, la *bécassine*.

---

76. — *Qu'est-ce que l'alouette? la grive?*

77. — *Qu'est-ce que le gibier d'eau? Quels oiseaux constituent le gibier d'eau?*

La *poule d'eau* (fig. 63) a de longues pattes et un long bec; elle nage très bien comme la *bécasse* et la *bécassine;* elle arrive dans nos pays au mois d'octobre, et y passe l'hiver. La chair de la poule d'eau est moins estimée que celle de la bécasse; celle de la bécassine est très délicate.

Fig. 63. — Poule d'eau.

78. La chasse. — Il faut souvent parcourir long-temps les champs, les prairies et les bois, avant de rencontrer un lapin ou quelques perdrix. L'homme qui va ainsi à la recherche du gibier, qui lui fait la *chasse*, se nomme un *chasseur*. Mais pour découvrir plus facilement le gibier, il se sert d'un chien, dont l'odorat est très développé, le *chien de chasse*.

Le chien sent le gibier de loin; il lui suffit de passer dans un endroit où est passé un lièvre, un lapin, pour suivre ces animaux à la piste. Un des meilleurs chiens de chasse est le *chien d'arrêt;* il indique la présence du gibier sans mettre ce dernier en fuite; dès qu'il l'aperçoit à terre ou blotti, il s'arrête, se place devant lui, une patte en l'air; il reste ainsi immobile jusqu'à

---

78. — *Qu'est-ce que la chasse? Quand dit-on que le chien est en arrêt?*

Fig. 64. — Chien en arrêt.

ce que le chasseur arrive assez près pour tirer ; on dit alors que le chien est *en arrêt* (fig. 64).

Quelquefois le chasseur ne voit pas le gibier, caché par les herbes ; l'attitude seule du chien en indique la présence. Le chasseur fait du bruit ou jette une motte de terre dans la direction du gibier ; celui-ci, effrayé, se sauve et le chasseur peut tirer.

Quand le gibier est tué, le chien le *rapporte* à son maître, sans en rien manger.

DIXIÈME LEÇON

LES NIDS. — L'ŒUF. — UTILITÉ DES OISEAUX

79. Les nids des oiseaux. — Êtes-vous déjà entrés dans un poulailler? Si oui, vous avez pu voir une espèce de panier, suspendu au mur, et dans lequel les poules viennent pondre leurs œufs; on l'a placé là avec intention. Dans les fermes, les poules ne pondent pas toujours dans le poulailler; parfois la fermière trouve des œufs dans la grange, sur du foin ou de la paille, et même dehors, dans les meules de paille.

Tous les oiseaux domestiques, sauf les pintades, agissent comme les poules; les pintades pondent dans les champs, sous les haies ou dans les herbes.

Mais les oiseaux sauvages n'ont personne qui leur prépare un endroit où ils pourront déposer leurs œufs. Ils sont obligés de construire eux-mêmes des *nids*. C'est dans ces nids que la femelle pond, qu'elle couve les œufs jusqu'à ce qu'ils soient éclos, et que les petits

---

A MONTRER. — 1° *Tableaux et images* : Nids de différents oiseaux. — coupe d'un œuf, laissant voir les diverses parties qui le composent. — 2° *Objets* : Un nid; — œuf de poule; — si possible œufs de petis oiseaux.

sont élevés jusqu'à ce qu'ils soient assez forts pour chercher et trouver eux-mêmes leur nourriture.

80. Comment les oiseaux construisent leurs nids. — Tous les nids ne sont pas construits de la même manière ; leur forme, leur structure, leur solidité dépendent de la façon dont les oiseaux sont organisés. Examinons comment sont faits les nids de certains oiseaux que nous avons précédemment étudiés.

L'alouette, la perdrix, la caille font leur nid dans les champs, sur la terre ; elles creusent un trou peu profond qu'elles garnissent d'herbes sèches.

La pie fait le sien sur les arbres élevés à la cime des branches ; il se compose de petites bûchettes entrelacées, qu'elle consolide avec de la terre mouillée, et qu'elle surmonte d'un toit de branchage.

Une espèce de pigeon, la tourterelle, qui vit dans les bois, entrelace seulement quelques petites bûchettes. sur lesquelles elle pond deux œufs.

Le nid de l'aigle, appelé *aire*, est tout plat, et placé ordinairement entre deux rochers ; c'est un assemblage de petits bâtons, de un à deux mètres de long, sur lesquels l'oiseau dépose des herbes et des joncs.

Questionnaire ? — 79. — *Où pond la poule ? Qu'est-ce qu'un nid ?*

80. — *Comment et où est fait le nid de l'alouette, de la perdrix, de la caille ? Celui de la pie, de la tourterelle, de l'aigle, du moineau ? Celui des petits oiseaux : pinson, chardonneret, roitelet, fauvette, loriot, pic ? Parlez du coucou. Où et comment est fait le nid des oiseaux d'eau ?*

Le moineau, si commun dans les villes, n'est pas difficile pour le choix de l'emplacement ; s'il rencontre un trou dans une muraille, un pot à fleurs suspendu à un mur, il y dépose grossièrement quelques brins de paille ou de foin pour y préparer le berceau de ses petits. Dans les campagnes, il construit son nid, à peu près de la même manière, dans les granges, sous les hangars. Loin des habitations, il le construit sur de grands arbres, avec autant de soin que les autres oiseaux ; de plus, il le surmonte d'une espèce de toit, destiné à protéger ses petits contre la pluie.

C'est surtout chez les petits oiseaux qu'on trouve les nids les plus artistement faits. Les

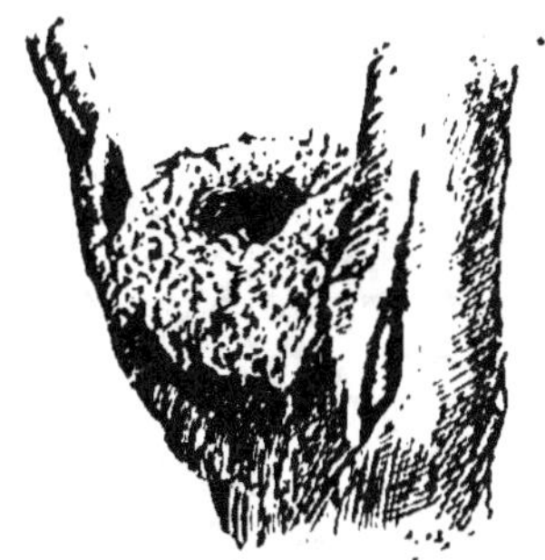

Fig. 65. — Nid de pinson.

petits travailleurs sont à la fois architectes, charpentiers, maçons ; et pour exécuter tous leurs travaux, ils n'ont à leur disposition que leur bec et leurs pattes. Vous connaissez tous le nid de l'hirondelle, placé souvent dans l'encoignure d'une fenêtre : il est construit avec une espèce de mortier formé de brins de paille et de terre gâchée, et n'a qu'une toute petite ouverture, à la partie supérieure, pour laisser passer l'oiseau.

Le pinson, le chardonneret font leur nid sur les arbres à la naissance des branches (fig. 65). Sa couleur extérieure est telle qu'on le distingue difficilement des branches voisines.

Le roitelet, la fauvette construisent le leur dans les

buissons, dans les haies (fig. 66); la fauvette le fait parfois sur les arbres; il se compose de brindilles entrelacées; dans celui du roitelet, l'ouverture se trouve de côté, de sorte qu'une partie du nid sert de toit.

Le loriot niche sur les grands arbres; mais il ne pose pas son nid entre deux branches, comme le font les autres oiseaux; il le suspend à l'extrémité d'une branche au moyen de brins de paille ou de chanvre, qu'il sait trouver dans la campagne.

Fig. 66. — Nid de fauvette.

Le pic, oiseau qui grimpe le long des troncs d'arbres, et les frappe à coups de bec pour en faire sortir les insectes dont il se nourrit, recherche les arbres creux; il agrandit la cavité avec son bec, la tapisse d'herbe et de mousse, et y pond ses œufs.

Il existe un oiseau qui ne construit pas de nid; c'est le coucou. La femelle pond deux œufs, qu'elle transporte dans le nid d'autres petits oiseaux, tels que la fauvette, la grive, le merle, etc. Ce sont ces derniers qui prendront soin des petits coucous, lorsque les œufs seront éclos.

Les oiseaux d'eau, tels que la poule d'eau, la bécasse, construisent leur nid sur le bord des rivières, dans les joncs, dans les roseaux; ce nid est fait avec des herbes et des joncs ; quelquefois même il est construit de telle façon qu'il peut flotter sur l'eau.

Ainsi, les oiseaux font preuve, pour la plupart, dans la construction de leurs nids, d'un instinct merveilleux et d'une habileté incomparable.

81. L'œuf. Le petit oiseau. — Quand le nid est construit, les oiseaux y pondent leurs œufs ; ce sont ces œufs qui donneront naissance à d'autres oiseaux.

De quoi est donc composé un *œuf?* Vous connaissez tous l'*œuf* de la poule ; examinons-en les différentes parties.

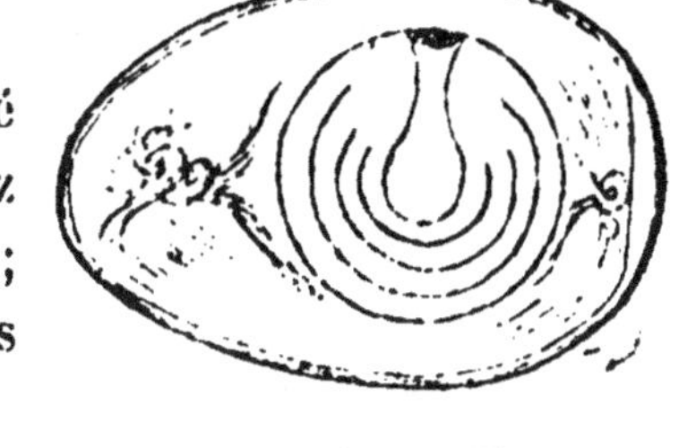

Fig. 67. — Coupe d'un œuf.

A l'extérieur, nous voyons la *coquille* (fig. 67) ; elle est formée de calcaire, c'est-à-dire de pierre blanche analogue à la craie ; elle est percée de nombreux petits trous destinés à laisser passer l'air.

Sous la coquille se trouve une peau très fine qui enveloppe l'œuf. Celui-ci comprend deux parties bien distinctes, le *blanc* et le *jaune.*

C'est le jaune qui est la partie principale de l'œuf ; il contient le *germe* dans lequel le petit oiseau prendra naissance. Vous avez peut-être remarqué, sur le jaune d'un œuf, une petite tache plus pâle que le reste : c'est le *germe.*

81. — *De quoi est composé un œuf? Qu'arrive-t-il quand la femelle couve?*

L'œuf est plus ou moins gros selon les oiseaux ; la couleur de la coquille varie aussi suivant les espèces : l'œuf de la poule est blanc ; celui de la cane est verdâtre ; celui des petits oiseaux est souvent parsemé de petites taches grisâtres.

Quand la femelle a pondu ses œufs, elle les couve ; elle se place dessus, les échauffe, et ne les quitte presque jamais, afin d'entretenir autour d'eux une température constante.

Le germe se développe alors ; le petit oiseau se forme peu à peu et se nourrit des substances que renferme l'œuf ; il absorbe le jaune, puis le blanc. Au bout d'un certain temps, variable avec les divers oiseaux, le petit sort de la coquille : quelquefois, comme le petit poussin, il est couvert de duvet, et cherche immédiatement sa nourriture ; mais le plus souvent, il n'a pas de plumes, et les parents sont obligés de lui apporter la *becquée*, jusqu'à ce qu'il soit assez fort pour quitter le nid et trouver lui-même sa subsistance.

82. Utilité des oiseaux. — La plupart des oiseaux rendent à l'homme de grands services. Nous avons déjà parlé des oiseaux domestiques ; vous savez qu'ils nous fournissent leur chair, qui est excellente, leurs œufs, qu'on recherche comme une nourriture substantielle et délicate, leurs plumes et leur duvet, qu'on utilise pour faire des coussins, des oreillers, des traversins, des

---

82. — *Quelle est pour l'homme l'utilité des oiseaux ? Quels services rendent-ils aux cultivateurs ?*

édredons, des lits ; rappelons les principaux : la *poule*, le *canard*, l'*oie*, la *pintade*, le *dindon*, le *pigeon*.

Les oiseaux qui constituent le gibier à plumes, sont très recherchés pour leur chair savoureuse et délicate ; nous avons cité la *perdrix*, la *caille*, l'*alouette*, le *faisan*, la *grive*, la *poule d'eau*, la *bécasse*.

Certains oiseaux, comme les *pigeons voyageurs*, très attachés à leurs nids, y reviennent, même lorsqu'on les a emportés à de grandes distances. On a profité de ce merveilleux instinct pour leur placer sous les ailes des dépêches écrites sur du papier très léger. A leur arrivée au nid, les dépêches sont ouvertes ; les pigeons voyageurs peuvent, en temps de guerre, rendre de très grands services.

Mais ce sont surtout les oiseaux qui vivent en liberté dans les champs ou dans les bois qui sont utiles à l'homme, particulièrement au cultivateur. Ils font une chasse acharnée aux insectes qui, sans eux, dévoreraient les récoltes. On se plaint quelquefois que les oiseaux causent quelques dégâts, mais ceux-ci sont bien peu de chose en comparaison des services qu'ils nous rendent.

Il serait trop long de citer tous les oiseaux qui dévorent des insectes nuisibles ; contentons-nous de nommer l'*hirondelle*, qui les happe en volant, le *pinson*, la *fauvette*, la *bergeronnette*, le *merle*, le *roitelet*, et bien d'autres, qui en font une consommation considérable.

On estime qu'une *mésange* détruit par an trois cent mille œufs d'insectes, sans compter les chenilles et les araignées et les insectes eux-mêmes.

Le *moineau*, qu'on regarde souvent comme nuisible parce qu'il s'attaque parfois aux récoltes, est pourtant un précieux auxiliaire de l'agriculteur. En une semaine, une nichée de moineaux consomme jusqu'à trois mille chenilles ou insectes.

Quant aux rapaces nocturnes, *chouette*, *hibou*, vous savez qu'ils détruisent les rats, les souris, et tous les petits rongeurs nuisibles.

Il importe donc de ne pas détruire les nids des petits oiseaux, de même qu'il convient de protéger tous ces précieux auxiliaires de l'agriculteur ; n'oubliez pas que, sans eux, les récoltes seraient bien endommagées, peut-être même détruites.

ONZIÈME LEÇON
LES OISEAUX

83. Le chat et la poule. — Voici deux animaux que
vous connaissez bien, le *chat* et la *poule*. Se ressem-
blent-ils ? Assurément, il y a entre eux quelques points
de ressemblance : tous deux ils ont une tête, un
corps, des membres ; si vous passez la main sur le
dos d'un chat et d'une poule, vous sentez que ces
deux animaux sont chauds. Mais ces quelques ressemblances permettent-elles de *classer* la poule dans le
même grand groupe que le chat, c'est-à-dire dans les
mammifères ?

Examinons-les de plus près, et voyons s'il n'existe
pas entre eux de grandes différences.

Le chat a le corps couvert de *poils ;* la poule a des
plumes, non des poils ; le chat a quatre membres qui
lui servent à marcher, quatre *pattes ;* la poule a bien
aussi quatre membres ; mais deux seulement sont des

A MONTRER. — 1° *Tableaux et images :* Pattes et bec de rapace ; —
pic grimpant le long d'un arbre ; — pattes et bec de palmipède ; —
échassier : cigogne, héron ; — pattes et bec d'un gallinacé ; —
quelques passereaux. — 2° *Objets :* Oiseaux empaillés.

pattes ; les deux autres sont des *ailes*, et servent à l'oiseau pour *voler* ; le chat *marche* et ne *vole* pas. Ce dernier a la bouche armée de *dents* ; la poule n'a pas de dents ; par contre elle a un *bec* dur et corné, avec lequel elle saisit sa nourriture.

Les petits chats viennent au monde *vivants* ; la poule *pond des œufs* et les *couve* ; le petit sort de l'œuf après un temps plus ou moins long. Le chat *allaite* ses petits au moyen de *mamelles* ; c'est pourquoi on le range parmi les animaux *mammifères* ; la poule n'allaite pas ses petits ; ceux-ci, une fois sortis de l'œuf, cherchent eux-mêmes leur nourriture.

La poule n'est donc pas, comme le chat, un mammifère : c'est un *oiseau*.

84. Caractères des oiseaux. — Le canard, l'oie, le dindon, la pintade, le pigeon, l'hirondelle, la cigogne, le rossignol, la fauvette, etc. présentent les mêmes grands caractères que la poule ; ce sont aussi des *oiseaux*.

Résumons donc rapidement les caractères qui distinguent les oiseaux des autres animaux, particulièrement des mammifères.

Les oiseaux ont le corps couvert de plumes ; ils ont quatre membres, dont deux pattes et deux ailes ; les ailes leur servent à voler. La bouche n'a pas de dents ;

---

mais elle se termine par un bec dur et corné. Les oiseaux pondent des œufs et les couvent ; ces œufs donnent naissance à d'autres oiseaux ; les petits ne sont pas allaités.

85. Division des oiseaux ; les rapaces. — Si les oiseaux se ressemblent par quelques grands caractères distinctifs, ils ont entre eux un certain nombre de différences, comme nous en avons remarqué entre les mammifères. On peut donc, grâce à ces différences, classer les oiseaux en plusieurs groupes : vous vous rappelez que nous avons étudié les *oiseaux domestiques*, les *chanteurs*, les *rapaces*, les *migrateurs*, le *gibier*.

On peut aussi les classer en un certain nombre de groupes d'après la manière dont ils sont organisés et leur genre de vie.

En premier lieu viennent les *rapaces*, ou *oiseaux de proie*, dont nous avons déjà parlé. Rappelons leurs principaux caractères : ils ont les pattes très fortes, armées de *serres* aiguës, le bec crochu et acéré, avec lequel ils déchirent la chair des animaux dont ils se nourrissent, de leur *proie*.

Certains rapaces, *l'aigle*, le *vautour*, l'*épervier*, le *faucon*, chassent le jour ; ce sont des *rapaces diurnes* ; d'autres, tels que le *hibou*, la *chouette*, chassent la nuit ; ce sont des *oiseaux de proie nocturnes*.

---

85. — Quelles sont les principales divisions des oiseaux ? Quels sont les caractères des rapaces ? les principaux rapaces ?

86. Les grimpeurs. — Les oiseaux ont quatre doigts à chaque patte ; trois de ces doigts sont dirigés en avant, et un en arrière, ce qui leur permet de se percher.

Chez le *pic* (fig. 68), il y a bien quatre doigts ; mais deux seulement sont dirigés en avant, et les deux autres  sont dirigés en arrière. Cette disposition des doigts permet au pic de grimper le long des arbres : les deux doigts de derrière forment un appui solide ; de plus, les doigts sont terminés par des ongles pointus qui entrent dans l'écorce et aident l'oiseau à se maintenir.

En outre, la queue du pic est formée de plumes longues et résistantes ; elle se recourbe facilement, et sert au pic de point d'appui, quand il grimpe.

Fig. 68. — Pic.

Enfin le pic est pourvu d'un bec long, robuste et pointu, avec lequel il frappe le tronc des arbres ; il s'en sert surtout pour donner de petits coups sur l'écorce, afin d'en faire sortir les insectes dont il se nourrit.

Le pic est un *grimpeur*, ainsi que le *coucou*, dont nous avons déjà parlé.

On range encore parmi les grimpeurs quelques oiseaux que vous connaissez bien, le *perroquet* et la *perruche* ; ces oiseaux ont deux doigts des pattes

---

86. — *Quels sont les caractères des grimpeurs ? les principaux grimpeurs ?*

dirigés en avant, et deux en arrière ; quant au bec, il est recourbé, et non pointu, comme celui du pic.

87. Les palmipèdes. — Le *canard*, dont nous avons parlé à propos des oiseaux domestiques, va volontiers sur l'eau ; il nage avec une grande facilité ; pourquoi cela ? C'est que les doigts des pattes sont réunis par

une membrane ; le canard a les pattes *palmées*. Ces pattes, disposées en arrière du corps, lui rendent la marche difficile ; c'est ce qui vous explique pourquoi le canard s'avance en se dandinant ; mais leur

Fig. 69. — Cygne.

disposition est excellente pour la nage. En outre, la queue sert à l'oiseau de gouvernail.

Mais, direz-vous, puisque le canard va dans l'eau, il doit se mouiller ? Il n'en est rien : la peau du canard produit une sorte de matière grasse qui se répand sur les plumes et forme comme un enduit imperméable ; quand il sort de l'eau, le canard se secoue, et de cette façon sa peau n'est jamais mouillée.

Le *canard* est un *palmipède*, ainsi que l'*oie*, le *canard sauvage*, dont nous avons déjà parlé.

---

87. — *Quels sont les caractères des palmipèdes ? Parlez du cygne, de la mouette, de l'albatros.*

Le *cygne* (fig. 69) est un bel oiseau qui vit sur les étangs, sur les lacs et sur les bassins des parcs; comme le canard, il a les pattes palmées : c'est un *palmipède*. Il a le cou allongé, le bec large et plat, ce qui lui permet de chercher dans l'eau les petits poissons ou les mollusques dont il fait sa nourriture.

Parmi les *palmipèdes*, nous pouvons encore citer quelques oiseaux qui vivent sur la mer ou sur les côtes. La *mouette* vit sur les rochers; elle nage et plonge très bien, et poursuit avec acharnement les poissons dont elle se nourrit.

L'*albatros* et la *frégate* ont l'extrémité du bec recourbée; ils volent très bien, et peuvent suivre en mer un navire pendant plusieurs jours; ils rasent la surface de la mer et, tout en volant, attrapent les poissons et les mangent.

Fig. 70. — Héron.

88. Les échassiers.

88. Les échassiers. — Les oiseaux qui, comme la *cigogne*, habitent le bord des eaux, ne ressemblent pas aux palmipèdes.

La *cigogne* a des pattes très longues ; la partie inférieure, c'est-à-dire la jambe, est allongée et dépourvue
de plumes ; cette disposition des pattes permet à l'oiseau d'entrer dans l'eau sans se mouiller.

Pourquoi entrer ainsi dans l'eau ? Lorsqu'elle est

Fig. 71. — La grue.

au bord d'une mare, d'un étang ou d'une rivière, la
cigogne guette les poissons ; elle ne les poursuit pas
en nageant, comme le canard ; ses pattes ne sont pas
disposées pour la nage ; mais en pénétrant dans l'eau,
montée sur ses grandes pattes, comme sur des échasses,
elle se rapproche de sa proie.

La cigogne est un *échassier*. Elle a en outre un long
cou et un long bec, de sorte que, sans se déranger, en

allongeant brusquement le cou, elle peut saisir les poissons au passage.

Les oiseaux, tels que le *héron* (fig. 70), la *grue* (fig. 71), la *bécasse* et la *bécassine*, qui présentent les mêmes caractères que la cigogne, sont aussi des échassiers.

Fig. 72. — Autruche.

89. Les gallinacés. — Nous avons déjà longuement parlé de la *poule*; elle diffère beaucoup des oiseaux que nous venons de citer; elle n'a ni le bec, ni les pattes comme les rapaces, les grimpeurs, les palmipèdes ou les échassiers. Elle a le vol lourd, les pattes disposées pour marcher, le bec court, les ailes un peu arrondies.

La *poule* est un *gallinacé*, ainsi que la *pintade*, le *dindon*, le *faisan*, le *paon*, la *perdrix* et la *caille*, dont nous avons parlé précédemment.

On peut rapprocher des gallinacés, les *pigeons* et les *tourterelles;* mais ces oiseaux volent très bien et peuvent même faire de grands trajets.

---

89. — *Quels sont les caractères des gallinacés? les principaux gallinacés?*

90. Les coureurs. — Il existe en Afrique un oiseau de grande taille, dont les ailes sont si petites par rapport à la grosseur du corps, qu'il ne peut voler; c'est l'*autruche* (fig. 72); mais les pattes, qui n'ont que trois doigts au lieu de quatre, sont très robustes, et permettent

Fig. 73. — Fauvette.

à l'oiseau de courir avec rapidité; l'*autruche* est un *coureur*.

Fig. 74. — Sansonnet.

Ses ailes, malgré leur petitesse, lui sont de quelque utilité; quand elle court, et que la direction du vent

90. — *Faites la description d'un oiseau coureur, l'autruche.*

est favorable, elle les étend comme des voiles; l'autruche avance alors beaucoup plus rapidement.

91. Les passereaux. — La plupart des petits oiseaux forment le groupe des *passereaux*; les doigts des pattes

Fig. 75. — Corbeau.

sont disposés trois en avant, un en arrière, ils ne sont pas réunis par une membrane, comme chez le canard. La plupart des passereaux, comme le *pinson*, par exemple, ne marchent pas, ils s'avancent en sautillant.

Citons les principaux; nous les connaissons du reste pour en avoir parlé dans nos précédentes leçons : le *pinson*, le *chardonneret*, le *serin*, le *linot*, le *bouvreuil*, le *moineau*, le *rossignol*, la *fauvette* (fig. 73), le *loriot*, l'*hirondelle*, la *bergeronnette*, l'*alouette*, la *grive*, le *merle*, le *geai*, le *sansonnet* (fig. 74), la *pie*, le *corbeau* (fig. 75), etc., sont des passereaux.

---

91. — *Qu'est-ce que les passereaux? Quels sont les principaux passereaux?*

DOUZIÈME LEÇON

LES POISSONS : LA CARPE, LE HARENG, ETC.

92. La carpe, le hareng. — Voici un animal qui diffère de tous ceux que vous connaissez : c'est la *carpe ;* quelques-uns d'entre vous ont peut-être déjà vu des carpes, dans des bassins ou à la devanture des marchands de poissons.

La *carpe* (fig. 76) n'a ni poils, comme le chat, ni plumes, comme la

Fig. 76. — Carpe.

poule. Elle a le corps recouvert de petites *écailles* dures, que l'on peut arracher en frottant la peau avec un couteau; on peut même les enlever avec la main.

A montrer. — 1º *Tableaux et images :* Tête de carpe ou de tout autre poisson : branchies ; — poisson : nageoires ; — carpe ; — tanche ; — brochet ; — perche ; — goujon ; — anguille ; — saumon sautant un obstacle ; — hareng ; — sole ; — raie ; — thon ; — morue ; — pêcheur à la ligne ; — nasse ; — pêche au filet ; — pêcheur pressant sur le ventre d'un poisson, pour en faire sortir les œufs. — 2º *Objets :* Différents poissons ; — ligne, avec bouchon et hameçon.

Ces écailles ne sont pas placées à côté l'une de l'autre, bout à bout; elles sont disposées les unes sur les autres, se recouvrant en partie, comme les tuiles d'un toit.

Les mammifères et les oiseaux vivent et respirent dans l'air; ils ne peuvent rester longtemps sous l'eau; ils seraient vite asphyxiés. La baleine, qui vit dans la mer, est obligée de venir de temps en temps respirer à la surface.

La carpe est organisée pour vivre dans l'eau; elle y respire au moyen d'organes spéciaux, situés sur le côté de la tête; ces organes, qui ont la forme d'un petit peigne tout rouge, se nomment des *branchies*. Si on la sortait de l'eau, elle ne tarderait pas à mourir.

La carpe n'a pas de pattes comme le chat, ni d'ailes comme la poule; elle a des *nageoires*, dont elle se sert comme de rames; ces nageoires sont placées sur le côté, en arrière de la tête, sous le ventre, près de la queue, et sur le dos; la queue elle-même est disposée en nageoire et sert à la carpe de gouvernail. La *carpe*, qui vit et respire dans l'eau, est un *poisson*.

Voici un autre animal bien plus connu que la carpe; c'est le *hareng*. Comme la carpe, il a le corps recouvert d'écailles qu'on peut enlever; il vit et respire dans l'eau au moyen de branchies; il a des nageoires pour se diriger; mais au lieu de vivre dans les rivières ou dans les étangs, il vit dans la mer; il ne pourrait

---

Questionnaire. — 92. — *Faites la description de la carpe, du hareng.*

pas vivre dans l'eau douce : au bout de quelques instants, il mourrait. Le *hareng* est aussi un *poisson*.

93. Caractères des poissons. — Qu'est-ce qui distingue donc les poissons des mammifères et des oiseaux ?

Ils n'ont ni poils ni plumes ; mais le corps est recouvert d'*écailles* qu'on peut enlever. Ils vivent constamment dans l'eau ; ils y respirent au moyen d'organes spéciaux, nommés *branchies* (fig. 77) ; au lieu de membres, ils ont des *nageoires* avec lesquelles ils frappent l'eau et nagent.

Fig. 77. — Tête de carpe, montrant les branchies.

De plus, les poissons n'ont pas le corps chaud, comme le chat et la poule ; mais il est à la même température que celle de l'eau dans laquelle ils vivent.

Enfin les poissons pondent des œufs en quantité considérable ; ces œufs donnent naissance à de nouveaux poissons, excessivement petits : la morue, par exemple, pond chaque année près de 10 millions d'œufs.

94. Division des poissons : poissons d'eau douce. —

---

93. — *Quels sont les caractères des poissons ?*

94. — *Comment peut-on diviser les poissons ? Quels sont les principaux poissons d'eau douce ? Parlez de la tanche, du brochet, de la perche, du goujon, de l'anguille, du saumon, de la truite.*

Il existe un très grand nombre d'espèces de poissons. On les a classées en groupes, comme on l'a fait pour les mammifères et les oiseaux ; nous nous contenterons de les classer en *poissons d'eau douce* et en *poissons de mer*.

Parmi les *poissons d'eau douce*, citons la *carpe*, la *tanche*, le *brochet*, la *perche*, le *goujon*, l'*anguille*, le *saumon*, la *truite*.

La *carpe*, dont nous avons déjà dit quelques mots, peut atteindre jusqu'à un mètre de longueur ; elle vit

Fig. 78. — Brochet.

très longtemps : dans les bassins de Chantilly et de Fontainebleau, il y en a qui ont, dit-on, plus de cent ans. La chair de la carpe constitue un mets recherché.

La *tanche* est généralement d'une couleur jaune doré ; elle se plaît dans les eaux vaseuses et stagnantes. Aussi sa chair sent parfois la vase ; elle est, du reste, d'une digestion difficile.

Le *brochet* (fig. 78) est le plus vorace des poissons d'eau douce ; il mange tout ce qu'il rencontre, mais surtout les autres poissons. Il peut atteindre jusqu'à 2 mètres de longueur. Sa chair est agréable au goût et très recherchée.

La *perche*, qui a parfois 40 centimètres de long, est aussi très vorace ; elle détruit beaucoup de petits poissons. On la trouve dans tous nos cours d'eau ; sa chair est excellente.

Le *goujon* est un petit poisson, qui vit en troupes,

recherche les endroits dont le fond est sablonneux ; le brochet lui fait une guerre acharnée. La chair du goujon est délicate et très estimée.

L'*anguille* (fig. 79) ne ressemble pas aux autres poissons ; elle a la forme d'un serpent ; elle se tient ordinairement au fond de l'eau, dans la vase ; mais lorsque le temps est humide, elle sort de l'eau et va dans les champs voisins. L'anguille se rend chaque année à la mer pour y pondre ses œufs ; les jeunes anguilles remontent le cours des fleuves et des rivières. Elle se nourrit de petits poissons et d'insectes.

Fig. 79. — Anguille.

Le *saumon* est un beau poisson, dont la longueur atteint parfois un mètre ; il vit dans la mer. Au commencement de l'automne, il remonte les grands fleuves et même leurs affluents, afin d'y déposer ses œufs ; rien ne l'arrête dans sa marche. Quand il rencontre un obstacle, rocher, chute d'eau, il donne un bon coup de queue, frappe l'eau, saute ainsi par-dessus l'obstacle, et retombe dans l'eau, à la partie supérieure. Dans les Iles Britanniques, les saumons, en remontant les cours d'eau, franchissent des arcades de 7 à 8 mètres de hauteur. Lorsque les œufs sont éclos, les saumons redescendent peu à peu vers la mer.

La chair du saumon est rosée ; elle est savoureuse et constitue un mets très apprécié.

La *truite* est sans contredit le plus estimé de nos

poissons d'eau douce. Elle se plaît dans les eaux claires et froides ; on la trouve surtout dans les rivières et les lacs des pays montagneux ; sa chair est blanche, savoureuse, facile à digérer. Il existe une variété de truite, la *truite saumonée*, qui peut avoir 80 centimètres de longueur et peser de 4 à 5 kilogrammes ; sa chair est rose, comme celle du saumon.

95. Poissons de mer. — Les *poissons de mer* sont très connus sur nos marchés, où on les vend frais sous le nom de *marée* ; les principaux sont le *hareng*, le *maquereau*, la *sardine*, la *sole*, la *raie*, le *thon*, la *morue*, etc.

Le *hareng* n'a guère que 20 à 25 centimètres ; on le trouve dans la Manche et l'Océan Atlantique ; on n'en rencontre pas dans la Méditerranée. Il se montre sur nos côtes en bancs immenses qui ont parfois plusieurs kilomètres de longueur. On pêche les harengs au filet, et on en prend d'un seul coup des quantités considérables.

Le hareng se mange frais ou salé. On peut aussi conserver les harengs en les suspendant, après les avoir salés, dans une cheminée où ils sont exposés à un feu qui produit beaucoup de fumée ; on a alors les *harengs saurs*.

Le *maquereau* est un peu plus grand que le hareng ; sa chair est plus ferme et plus estimée.

---

95. — *Quels sont les principaux poissons de mer? Parlez du hareng, du maquereau, de la sardine, de la sole, de la raie, du thon, de la morue.*

La *sardine* ne dépasse pas 20 centimètres de longueur. On la trouve sur les côtes de la Manche et de l'Océan Atlantique où elle est l'objet d'une chasse active. On la pêche au filet, comme le hareng.

La sardine se mange fraîche ou salée. On la conserve également dans des boîtes, avec de l'huile; les boîtes sont hermétiquement fermées, de façon que l'air ne puisse pas y pénétrer.

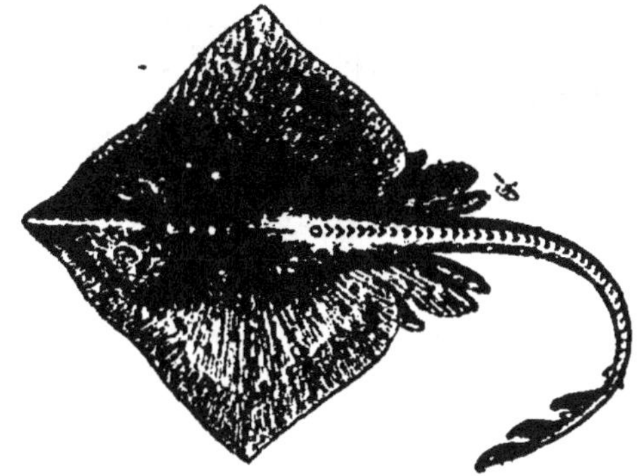

Fig. 80. — Raie.

La *sole* est un poisson plat, dont la chair est très estimée; on peut rapprocher de la sole la *limande* et le *carrelet*, mais dont la chair est moins délicate.

La *raie* (fig. 80) est aussi un poisson plat, qu'on pêche sur toutes nos côtes. Sa chair est estimée. On a rencontré des raies qui pesaient jusqu'à 100 kilogrammes.

Le *thon* se pêche dans la Méditerranée. Son corps ressemble un peu à celui du maquereau. Les thons vivent en troupes, et pèsent généralement de 30 à 50 kilogrammes; on en a rencontré qui pesaient plusieurs centaines de kilogrammes. La chair du thon se mange fraîche, ou conservée, comme les sardines, dans des boîtes, avec de l'huile.

La *morue* (fig. 81) a le corps allongé, dont la taille dépasse souvent un mètre de longueur ; elle est très abondante dans les environs de l'île de Terre-Neuve. Elle tient une grande place dans l'alimentation ; on la mange fraîche, mais surtout salée et séchée. On en

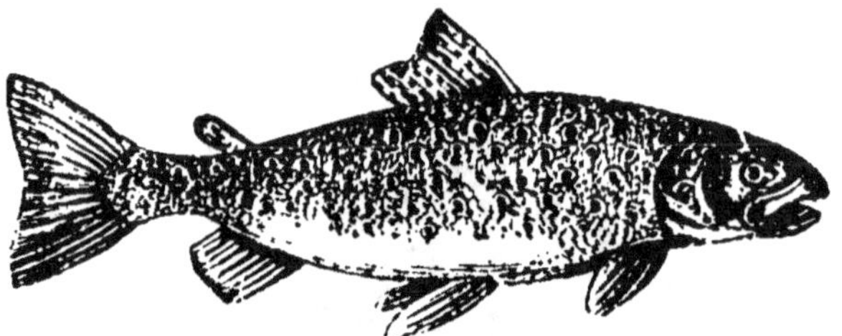

Fig. 81. — Morue.

retire aussi l'*huile de foie de morue*, très employée par les personnes d'une faible constitution.

96. La pêche. — Avec quoi prend-on les poissons ? Vous avez tous vu une *ligne*, avec laquelle on pêche dans les rivières. Elle se compose d'une longue perche, à l'extrémité de laquelle est attaché un fil qui plonge dans l'eau ; le fil est terminé par un *hameçon*, sorte de pointe d'acier recourbée, auquel le pêcheur fixe l'*appât*, mie de pain, petit ver, etc. Un *bouchon*, disposé le long du fil, et qu'on peut rapprocher ou éloigner de l'hameçon, empêche ce dernier de tomber au fond de

---

96. — *Faites la description d'une ligne. Comment pêche-t-on à la ligne ? Qu'est-ce qu'une nasse, un filet ?*

l'eau ; de plus, pour qu'il puisse arriver juste à l'endroit où se trouve le poisson, on place quelques petits

Fig. 82. — Pêcheur à la ligne.

grains de plomb, le long du fil, au-dessous du bouchon.

Comment s'y prend un pêcheur à la ligne (fig. 82) ? Il jette sa ligne à l'eau, après avoir mis un appât à l'hameçon ; il tient à la main l'extrémité de la perche, et regarde le bouchon qui flotte. Celui-ci s'enfonce brusquement : c'est un poisson qui *a mordu;* le

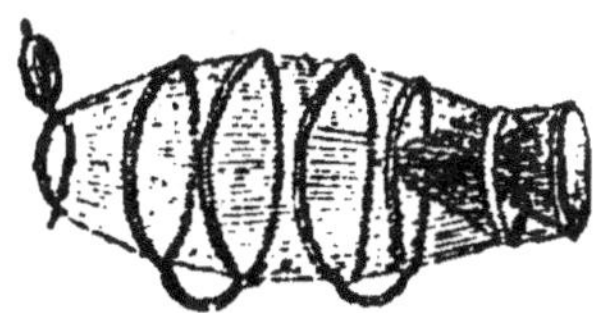

Fig. 83. — Nasse.

pêcheur tire vivement sa ligne, et n'a plus qu'à décrocher le poisson.

Il existe bien d'autres manières de prendre des poissons; on se sert fréquemment de *nasses* (fig. 83), sortes de paniers en osier ou en fil de fer, qu'on dépose au fond de l'eau; elles sont construites de telle façon que le poisson, une fois dedans, n'en peut plus sortir.

On se sert également de *filets*, faits avec de la ficelle plus ou moins fine; c'est avec ces filets que les pêcheurs prennent les poissons de mer, hareng, sardine, thon.

97. La pisciculture. — Les poissons pondent des œufs en quantité considérable; mais bien des causes empêchent ces œufs d'éclore, ou les jeunes poissons de se développer. Aussi a-t-on songé à élever les poissons comme on élève les oiseaux de basse-cour : l'art d'élever les poissons s'appelle la *pisciculture*.

En quoi consiste-t-elle ? On prend un poisson qui a des œufs ; on lui presse doucement le ventre ; les œufs sortent, on les recueille, et on les place dans des bassins où l'eau peut être renouvelée. Au bout d'un certain temps ils donnent naissance à de petits poissons, qu'on élève jusqu'à ce qu'ils aient atteint une certaine grosseur. On les dépose alors dans les rivières et les canaux, où ils continuent à grossir.

Grâce à la pisciculture, on a pu repeupler certains cours d'eau, où les poissons étaient devenus très rares.

---

97. — *Qu'est-ce que la pisciculture ? Comment se pratique-t-elle ?*

TREIZIÈME LEÇON

LES REPTILES. — LES BATRACIENS.
LES VERTÉBRÉS

98. Le lézard est un reptile. — Vous avez peut-être déjà vu, l'été, le long d'une muraille, un petit animal se chauffant au soleil ; à votre approche, il s'est enfui avec rapidité : ce petit animal est un *lézard*.

Le *lézard* (fig. 84) ne ressemble ni au chat, ni à la
poule, ni à la carpe. Il a le
corps allongé, mais il n'a ni
poils ni plumes. Sa peau est

Fig. 84. — Lézard.

écailleuse ; mais les écailles ne sont pas comme celles de la carpe, on ne peut pas les arracher ; elles sont formées par des replis de la peau.

A MONTRER. — 1° *Tableaux et images :* Tortue ; — lézard des murailles ; — crocodile ; — vipère ; — couleuvre ; — tête de vipère, avec crochets et poche à venin ; — grenouille ; — crapaud ; — métamorphoses de la grenouille ; — squelette de chat, de poule, de carpe, de lézard, de grenouille. — 2° *Objets :* Tortue ; — lézard ; — vipère ; — couleuvre ; — grenouille ; — peigne en écaille ; — vertèbres ; — arêtes de poisson.

Il a le sang froid, comme les poissons, mais il vit dans l'air, comme le chat et la poule. Il a quatre pattes très courtes, et marche en rampant sur le sol ou sur les murailles. On dit que c'est un *reptile*.

99. Les principaux reptiles : tortues, lézards, serpents. — La *tortue* (fig. 85), que l'on voit parfois dans les jardins, est aussi un reptile. Elle a quatre pattes comme le lézard; les écailles de la peau forment une sorte de boîte dure, nommée *carapace*, dans laquelle l'animal peut rentrer sa tête et ses pattes.

Fig. 85. — Tortue.

Avec cette carapace, qui constitue l'*écaille*, on fabrique divers objets, tels que des peignes, des coffrets, des boîtes, etc.

La tortue qu'on trouve dans nos pays se nourrit surtout de végétaux ; elle mange aussi des fruits, des insectes, des limaces.

Le *lézard*, dont nous venons de dire quelques mots, a les pattes armées de griffes, qui lui permettent de grimper sur les arbres ou le long des murailles ; sa queue est très fragile ; elle se casse, quand on frappe dessus, mais elle repousse assez vite. Le lézard est une petite bête inoffensive, qui rend des services à l'agriculture en détruisant des insectes nuisibles.

Fig. 86. — Crocodile.

Une espèce de lézard, le *crocodile* (fig. 86), peut atteindre de 4 à 8 mètres de longueur ; il habite les pays chauds et se tient ordinairement dans les fleuves et dans les lacs ; il est très vorace, détruit beaucoup de poissons, et même est très dangereux pour l'homme.

Fig. 87. — Vipère.

Fig. 88. — Couleuvre.

Les *serpents* n'ont pas de membres ; on en voit parfois aux devantures des pharmaciens, conservés dans des bocaux. Ils avancent rapidement et sans bruit, en se glissant sur le sol.

On distingue deux groupes de serpents : les *serpents*

venimeux et les *serpents non venimeux*. Le plus connu des serpents venimeux est la *vipère* (fig. 87), qui vit dans nos pays; elle se trouve généralement dans les endroits secs et rocailleux. La vipère ne *pique* pas avec sa langue, comme on le dit communément; elle *mord* avec deux dents en forme de crochets, qu'elle a de chaque côté de la mâchoire supérieure. Ces dents sont creuses et communiquent avec une petite poche remplie d'un venin dangereux. Quand la vipère mord, les dents appuient sur la poche; le venin s'écoule dans la plaie par une sorte de petit canal creusé dans toute la longueur des dents; il cause souvent la mort de la victime.

Quand on a été mordu par une vipère, il faut, si l'on n'a pas de plaie dans la bouche, sucer la blessure afin d'empêcher le venin de se mêler au sang; il est bon aussi de cracher tout ce que l'on a sucé. Mais le remède le plus efficace consiste à *cautériser* la plaie avec un fer rouge.

Les plus redoutables des serpents venimeux vivent dans les pays chauds.

La *couleuvre* (fig. 88) est un serpent non venimeux de nos pays; c'est même un animal utile, car elle détruit des rats et des souris, dont elle fait sa nourriture.

100. Les batraciens. — Vous connaissez tous la *grenouille* (fig. 89); elle a beaucoup de ressemblance avec le lézard; elle a le sang froid, quatre pattes; il est vrai

100. — *Qu'est-ce que la grenouille? Comment vit-elle? Qu'appelle-t-on batraciens? Quelle est l'utilité de la grenouille? Qu'est-ce que la rainette? Quelle est l'utilité du crapaud?*

qu'elle n'a pas la peau écailleuse; pourtant ce n'est pas un reptile; pourquoi cela?

Pendant toute sa vie, le lézard vit dans l'air. Il n'en est pas de même de la grenouille. Comme le lézard, elle pond des œufs; elle les pond dans l'eau.

Lorsque les petits sont éclos, ils vivent complètement dans l'eau; comme les poissons, ils respirent au moyen

Fig. 89. — Grenouille.

de *branchies*. Ils ont une grosse tête et une longue queue; on les nomme alors des *têtards* (fig. 90); ils se nourrissent de matières végétales qu'ils rencontrent dans les mares et les étangs.

Peu à peu, à mesure qu'il avance en âge, le têtard perd sa queue; il lui pousse des pattes, et il devient une grenouille, qui vit dans l'air, qui y respire comme le lézard. Sans doute la grenouille va souvent dans l'eau, mais elle est obligée de revenir de temps en temps à la surface pour respirer.

On désigne sous le nom de *batraciens* les animaux qui ont la peau nue et le sang froid, comme la grenouille, qui vivent dans l'eau quand ils sont jeunes, et qui, plus tard, vivent et respirent dans l'air.

Le têtard se nourrit d'herbes ; la grenouille se nourrit d'insectes, de vers, de petites limaces ; c'est donc un animal utile à l'agriculture. Elle est aussi utilisée dans

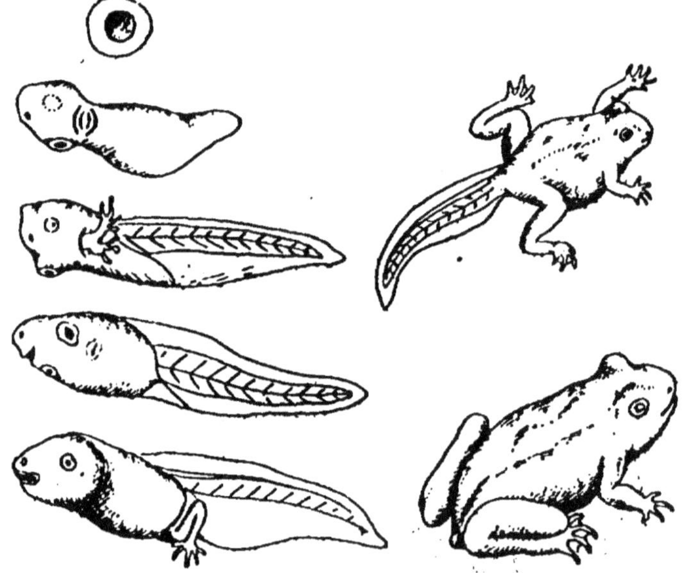

Fig. 90. — Métamorphoses de la grenouille.

l'alimentation de l'homme : on mange, en effet, les cuisses de la grenouille, après qu'elle a été dépouillée et coupée par le milieu du corps.

Il existe une espèce de grenouille de couleur verte, la *rainette*. Elle a les doigts des pattes terminés par de petites pelotes qui lui permettent de grimper sur les arbres. Elle nous débarrasse d'une foule d'insectes nuisibles.

Le *crapaud* est aussi un batracien ; il a les pattes de

derrière moins longues que celles de la grenouille ; aussi il saute mal, et marche péniblement ; il se cache ordinairement dans les lieux humides. Il se nourrit comme la grenouille d'insectes, de vers et de limaces : c'est donc un auxiliaire du cultivateur. Il rend de grands services dans les jardins : il ne faut donc pas le détruire malgré son aspect repoussant. Il a, en effet, le corps couvert de pustules ; lorsqu'il est attaqué, il se gonfle ; de sa peau sort une espèce d'humeur blanchâtre, qui est pour l'homme tout à fait inoffensive.

En hiver, lorsqu'il fait froid, le crapaud s'engourdit dans des trous, et il respire à peine.

101. Les animaux à os ou vertébrés. — Tous les animaux que nous avons étudiés jusqu'ici diffèrent beaucoup les uns des autres.

Le chat et tous les animaux mammifères, la poule et les oiseaux passent toute leur vie dans l'air ; la carpe et les poissons sont organisés pour vivre dans l'eau ; les reptiles, lézard, tortue, serpent, rampent sur le sol, qu'ils aient des pattes ou non ; les batraciens, grenouille et crapaud, quand ils sont jeunes, vivent dans l'eau ; quand ils sont plus âgés, ils vivent dans l'air.

Mais n'y a-t-il pas entre eux quelques ressemblances qui permettent de les rapprocher ?

Quand on mange du lapin, du poulet, que remarque-

---

101. — Quelles ressemblances existent entre le chat, la poule, la carpe, le lézard, la grenouille ? Qu'est-ce que les vertébrés ? Pourquoi les nomme-t-on vertébrés ?

t-on ? En les coupant, on ne rencontre pas seulement de la viande, mais aussi des os qu'on ne peut couper. Quand on mange du poisson, on trouve des parties dures ; ce sont les *arêtes* ; les arêtes sont des espèces d'os. Il y a aussi des os dans le corps d'une couleuvre et dans celui d'une grenouille.

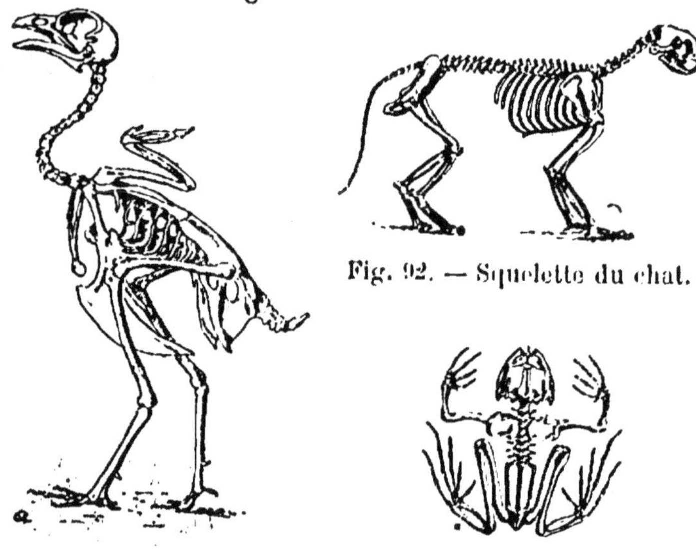

Fig. 91. — Squelette
de la poule.

Fig. 92. — Squelette du chat.

Fig. 93. — Squelette
de la grenouille.

Le chat, la poule, la carpe, la couleuvre, la grenouille sont donc des *animaux à os*.

L'ensemble des os qu'on rencontre dans le corps d'un animal forme ce qu'on appelle le *squelette*. Le squelette de la poule (fig. 91) diffère de celui du chat (fig. 92) en ce que deux des membres sont des ailes ; la couleuvre n'a pas de membres, mais le lézard, la tortue et la grenouille (fig. 93) en ont ; quant aux poissons (fig. 94), au lieu de pattes, ils ont des nageoires.

Lorsqu'on examine le squelette de ces divers animaux,
on remarque un certain nombre d'os, placés à la suite
les uns des autres ; ils soutiennent le corps de l'animal ;
on les nomme des *vertèbres* ; l'ensemble des vertèbres
forme la *colonne vertébrale*, qu'on désigne communément sous le nom d'*épine dorsale*.

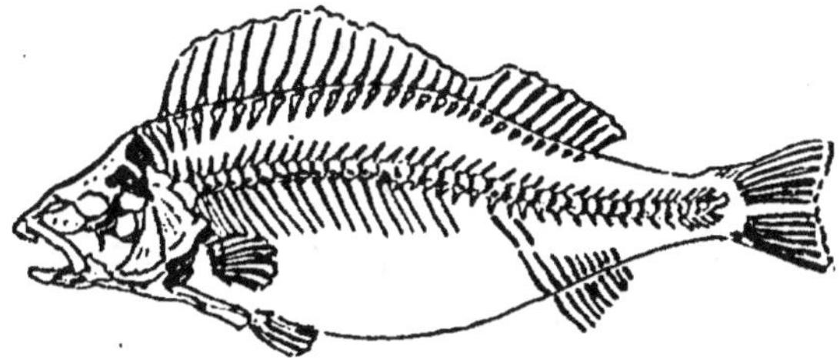

Fig. 91. — Squelette de poisson.

Les mammifères, les oiseaux, les poissons, les reptiles, les batraciens, c'est-à-dire tous les *animaux à os*,
ont donc une *colonne vertébrale*, formée de vertèbres ;
on les appelle encore des *animaux vertébrés*, ou simplement des *vertébrés*.

QUATORZIÈME LEÇON

LES INSECTES. — INSECTES NUISIBLES

102. La mouche et le papillon sont des insectes. —
Vous connaissez tous la *mouche* (fig. 95), si commune
pendant la belle saison ; avez-vous déjà examiné comment elle est constituée ?

Fig. 95.
Mouche.

En voici une ; que remarquons-nous ? A-
t-elle quatre pattes comme le chat ? Vous
pourrez voir qu'elle en a six ; ressemble-
t-elle à l'oiseau ? Non, puisqu'elle a six
pattes ; il est vrai qu'elle a deux ailes.

Regardons son corps ; nous y voyons trois parties
bien distinctes : d'abord la *tête*. Cette tête est facile à
reconnaître ; elle est en avant du corps, et porte des

A montrer. — 1° *Tableaux et images :* Corps d'un insecte, montrant les parties qui le composent ; — un papillon et sa chenille ; —
mouche ; — fourmi ; — sauterelle ; — hanneton et ver blanc ; —
courtilière ; — guêpe ; — cousin ; — charançon, phylloxera gros-
sis. — 2° *Objets :* insectes divers ; — chenilles.

Expérience a faire. — Prendre des œufs de papillon ; les
placer à la chaleur pour qu'ils éclosent ; nourrir les chenilles
avec des feuilles de salade ou autres ; continuer jusqu'à ce qu'on
ait des papillons.

yeux, placés sur le côté; on y remarque aussi deux espèces de petits filets mobiles, qu'on nomme les *antennes*.

Après la tête, vous remarquez une partie dure, sur laquelle sont fixées les ailes et les pattes; c'est le *thorax*; vous pouvez voir que la mouche a deux ailes, très fines.

L'*abdomen* vient ensuite; c'est la partie la plus grosse

Fig. 96. — Papillon.

du corps de la mouche; il est formé d'*anneaux* emboîtés les uns dans les autres.

Ainsi la mouche a le corps formé de trois parties, *tête, thorax*, portant les pattes et les ailes, *abdomen*, composé d'anneaux : la *mouche* est un *insecte*.

Voici un *papillon* (fig. 96); ressemble-t-il à la mouche? Il n'a pas deux ailes, il en a quatre; mais nous pouvons distinger dans son corps la *tête*, avec les yeux

---

Questionnaire. — 102. — *Faites la description d'une mouche. Combien a-t-elle de pattes, d'ailes? Quelles sont les trois parties de son corps?*

et les antennes, le *thorax*, portant les pattes et les ailes,
et l'*abdomen*, formé d'anneaux : le *papillon* est aussi
un *insecte*.

103. **Les insectes changent de forme ; les métamorphoses**. — Quelqu'un de vous a-t-il déjà vu des *asti-
cots?* Ce sont des espèces de petits vers blancs, que les
pêcheurs mettent quelquefois à leur hameçon pour
pêcher. Où les trouve-t-on ? Dans la viande en putré-
faction ; on en rencontre aussi parfois dans le fromage.

D'où viennent-ils ? Vous avez vu peut-être de grosses
mouches se poser l'été sur la viande. Elles y pondent
des œufs.

Les œufs des oiseaux, ceux des poissons, des reptiles,
donnent naissance à des oiseaux, à des poissons, à des
reptiles. Il n'en est pas de même des œufs des insectes.
Il en sort une sorte de petit ver, qu'on nomme *larve* :
l'*asticot* est la larve de la *mouche*. En général, la larve
des insectes est très vorace. Au bout d'un certain temps,
elle cesse de manger et se tient immobile : elle change
de forme ; elle se rapetisse et s'enveloppe d'une sorte
de peau dure : on l'appelle *nymphe* ou *chrysalide*.

La *chrysalide* reste encore immobile pendant quelque temps ; puis elle perce la peau dure qui l'enve-
loppait, et en sort avec des pattes et des ailes, sous la
forme d'un *insecte parfait*.

Les changements de forme que subissent les insectes

---

103. — *Qu'est-ce qu'un asticot? D'où vient la larve? Qu'appelle-
t-on nymphe ou chrysalide? métamorphoses des insectes ?*

dans le cours de leur existence se nomment des *méta-morphoses*.

Le *papillon*, comme la mouche, pond des œufs ; ceux-ci donnent naissance à des larves, que vous connaissez bien : ce sont les *chenilles*, dont l'aspect est parfois si repoussant, et qui causent tant de dégâts dans les jardins et sur les arbres ; les *chenilles* se transforment en *chrysalides ;* les chrysalides donnent naissance à de nouveaux *papillons*.

104. Comment mangent les insectes. — Avez-vous déjà vu une mouche posée sur une table où il y a un peu de sucre en poudre ? que fait-elle ? De sa bouche sort une petite *trompe* (fig. 97) qu'elle appuie sur le sucre pour le sucer ; elle rentre cette trompe, puis la fait de nouveau sortir, pour sucer du sucre encore une fois.

Fig. 97. — Trompe de la mouche, très grossie.

Le papillon a aussi une trompe, mais beaucoup plus longue que celle de la mouche. Quand il se pose sur une fleur, il la déroule et la plonge jusqu'au fond de la fleur pour en sucer le liquide sucré.

L'abeille a aussi une trompe, comme la mouche et le papillon.

Le hanneton mange des feuilles parfois très dures ;

---

104. — *Comment mangent la mouche, le papillon, l'abeille ? Qu'est-ce que les mandibules ? A quoi servent-elles ?*

il n'a plus besoin de sucer, mais de mâcher. A-t-il une trompe ? Elle lui serait inutile ; mais il a sur le devant de la tête deux parties dures qu'on voit fort bien remuer de gauche à droite ; ces parties dures forment les mâchoires du hanneton, avec lesquelles il coupe et mâche les feuilles dont il fait sa nourriture : on les nomme des *mandibules*.

Tous les insectes qui se nourrissent de végétaux ont des mandibules puissantes ; il en est de même de ceux qui se nourrissent d'autres insectes, le *carabe*, par exemple ; il faut qu'elles soient très robustes pour pouvoir couper et broyer la peau dure, la *carapace* des insectes.

105. Les insectes nuisibles : mouche, fourmi, sauterelle, hanneton, papillon. — Le nombre des espèces d'insectes est considérable ; comme tous les animaux, on les a classés en un certain nombres de groupes. Nous nous contenterons de faire deux grandes catégories : les *insectes nuisibles* et les *insectes utiles*.

Les insectes nuisibles sont les plus nombreux ; nous ne pouvons étudier que les plus connus.

Nous avons déjà parlé de la *mouche* ; elle ne s'attaque pas aux récoltes, mais elle est incommode dans les appartements ; les excréments qu'elle dépose de tous côtés sont malpropres. Elle pond ses œufs sur la viande,

---

105. — *Parlez des insectes nuisibles : mouche, fourmi, sauterelle, hanneton. Comment vivent-ils, et quels dégâts causent-ils ? Qu'est-ce que le ver blanc ? le papillon ? la chenille ?*

les aliments, et aide ainsi à leur putréfaction. Il existe certaines espèces de mouches dont la piqûre est dangereuse : ce sont celles qui vont se poser sur les cadavres d'animaux en décomposition.

Vous connaissez tous les *fourmis* (fig. 98), ces petits animaux si actifs qu'on voit courir sans cesse à droite et à gauche ; elles habitent des demeures souterraines, nommées *fourmilières*, qu'elles construisent elles-mêmes. Il y a des fourmis qui n'ont pas d'ailes ; dans une fourmilière, ce sont les plus nombreuses.

Fig. 98. — Fourmi.

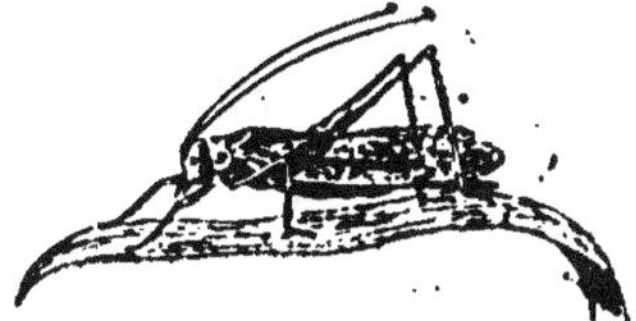

Fig. 99. — Sauterelle.

Les fourmis pénètrent quelquefois dans les maisons, et, comme les mouches, sont très incommodes ; elles s'attaquent de préférence aux friandises et aux matières sucrées. Une espèce de fourmi, la *fourmi rouge*, fait des piqûres assez douloureuses.

La *sauterelle* (fig. 99) est très commune dans nos champs pendant là belle saison ; elle a des ailes et peut voler ; mais le plus souvent elle s'avance en sautant, car les pattes de derrière sont très grandes et très fortes. Une espèce de sauterelle, le *criquet*, se rencontre surtout en Algérie ; il voyage par bandes, composées d'un nombre considérable d'insectes. Lorsqu'une de ces bandes s'abat dans un endroit cultivé, les cri-

quels dévorent toutes les récoltes en peu de temps :
ils sont un fléau redoutable.

Vous avez tous vu des *hannetons* (fig. 100) ; peut-être
même vous êtes-vous déjà amusés avec l'un d'eux, après
lui avoir attaché un fil à la patte. C'est un insecte redoutable, qui cause à l'agriculture des dégâts considérables. Comme insecte parfait, il détruit les feuilles des
arbres ; mais c'est surtout sa larve qui est nuisible.

Le hanneton pond ses œufs dans la terre ; la larve,
qu'on nomme *ver blanc* (fig. 101), y vit pendant trois

Fig. 100. — Hanneton.   Fig. 101. — Ver blanc.

ans ; elle s'attaque aux racines des plantes et dévore
impitoyablement celles des salades, des choux, des
fraisiers, des céréales, et, du reste, de toutes les plantes
qu'elle rencontre. C'est cette larve dont certains oiseaux,
tels que le corbeau, le sansonnet, la perdrix, sont si
friands.

Les *papillons*, par eux-mêmes, ne sont pas très redoutables ; mais leurs larves, qu'on désigne sous le nom de
chenilles, sont les plus terribles ennemis de nos récoltes. Elles détruisent les feuilles des légumes et des
arbres.

Les papillons ne vivent pas longtemps ; quelques
jours après la transformation des chrysalides en insectes

parfaits, ils meurent ; mais ils ont pondu des œufs en très grand nombre. Heureusement les chenilles ont des ennemis acharnés : ce sont les petits oiseaux, qui en détruisent des quantités prodigieuses quand elles sont jeunes ; le rossignol, la fauvette, et même le moineau en sont très friands.

106. Autres insectes nuisibles. — Parmi les insectes nuisibles, nous pouvons encore citer la *courtilière*, la *guêpe*, le *cousin*, le *pou*, la *puce*, la *punaise*, le *charançon*, le *phylloxéra*.

Fig. 102. — Courtilière.

La *courtilière* (fig. 102), comme la taupe, se creuse des galeries sous la terre ; c'est pourquoi on l'appelle encore *taupe-grillon*; elle fait la chasse aux larves d'autres insectes, mais elle fait périr les jeunes plantes dont elle coupe les racines pour se frayer un passage.

La *guêpe* (fig. 103) s'attaque de préférence aux fruits, particulièrement aux raisins ; elle a, à l'extrémité de l'abdomen, un aiguillon, avec lequel elle peut faire des piqûres douloureuses.

Le *cousin*, ou *moustique* (fig. 104), est connu de tout le monde par ses piqûres et les démangeaisons qu'elles

---

106. — *Parlez des autres insectes nuisibles : courtilière, guêpe, cousin, pou, puce, punaise, charançon, phylloxéra.*

8.

produisent. Le *pou* (fig. 105) et la *puce* vivent en parasites sur l'homme ; ils sucent le sang, ainsi que la *punaise des lits ;* cette dernière se réfugie, pendant le

Fig. 103. — Guêpe.

Fig. 104. — Cousin.

jour, dans les fentes des boiseries, sous les papiers des murs ; elle en sort la nuit, et s'attaque à l'homme quand il est endormi.

Le *charançon* a une larve très redoutable pour le cultivateur ; elle dévore les

Fig. 105. — Pou grossi.

Fig. 106. — Phylloxéra grossi.

grains que l'on conserve dans les greniers ; les charançons existent quelquefois en si grand nombre dans un tas de blé, qu'ils n'y laissent plus que l'enveloppe des grains.

Le *phylloxéra* (fig. 106) est tout petit, invisible à l'œil nu ; il s'attaque à la vigne, en suce la sève, et la fait périr. Depuis 1876, époque à laquelle il a été importé d'Amérique, il a causé en France des dégâts considérables, en détruisant la plus grande partie de nos vignobles. On a heureusement reconstitué les vignobles en plantant des vignes américaines, que le phylloxéra n'attaque pas.

QUINZIÈME LEÇON

INSECTES UTILES. — LE VER A SOIE

107. Les insectes utiles. — Les espèces d'insectes nuisibles, dont peu nous rendent quelques services, sont excessivement nombreuses; nous ne pouvons pas en dire autant des espèces utiles.

Fig. 107.
Cochenille
grossie.

Parmi celles-ci, il convient de citer d'abord quelques insectes qui fournissent à l'homme des matières de première importance, le *ver à soie* et l'*abeille*, dont nous nous occuperons plus loin avec quelques détails.

A MONTRER. — 1° *Tableaux et images :* Tableau des insectes utiles ; — principaux insectes auxiliaires ; — ver à soie : œuf. — larve, — cocon, — papillon ; — mûrier ; — magnanerie ; — dévidage des cocons. — 2° *Objets :* Insectes utiles et auxiliaires ; — œufs, — larve, — cocon de ver à soie ; — fils de soie ; — étoffe de soie.

EXPÉRIENCES A FAIRE. — 1° Prendre des œufs de ver à soie ; les placer à la chaleur pour qu'ils éclosent ; nourrir les vers, d'abord avec de la salade, ensuite avec des feuilles de ronce ; continuer jusqu'à ce qu'on ait des cocons.

2° Prendre des cocons ; les dévider et enrouler les fils, par trois ou quatre, autour d'une bobine.

La *cochenille* (fig. 107) est un petit insecte, qui ne vit pas en France, mais qu'on rencontre au Mexique, en Espagne et même en Algérie ; on l'élève sur des arbustes nommés *nopals*.

Lorsque les cochenilles sont à l'état d'insectes parfaits, on les recueille, on les fait dessécher dans un four, on les écrase, et on obtient une poudre avec laquelle on fait une belle couleur rouge, le *carmin*.

La *cantharide* (fig. 108), qui vit dans nos pays sur les saules et les frênes, est employée en médecine ; on la fait sécher, on l'écrase, et la poudre est utilisée pour faire des vésicatoires.

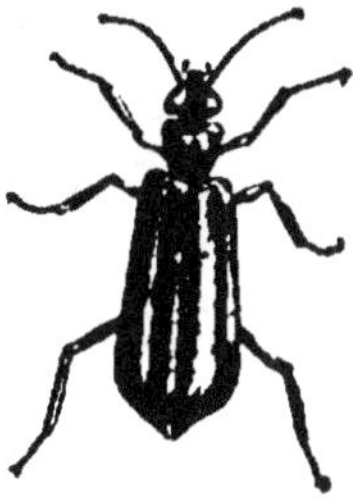

Il existe un petit insecte, qui pond ses œufs dans la feuille du chêne ; c'est le *cynips* ; il se forme dans la suite, sur la feuille, une espèce de boule, qu'on appelle *noix de galle*, que l'on emploie pour fabriquer de l'encre.

Fig. 108.
Cantharide.

108. Les insectes auxiliaires. — Mais les plus grands services sont rendus par des insectes qui se nourrissent d'autres insectes nuisibles.

Il en est un que vous avez pu voir courir dans les herbes des jardins : c'est le *carabe* (fig. 109). Il a sou-

---

Questionnaire. — **107.** — *Citez les principaux insectes utiles. Que fournissent la cochenille, la cantharide, le cynips ?*

108. — *Qu'appelle-t-on insectes auxiliaires ? Quels services rendent : le carabe, la cicindèle, la coccinelle, le calosome, le nécrophore, le staphylin, la libellule ?*

vent le corps vert doré en dessus ; il a des mandibules très fortes et est très vorace. Soit à l'état de larve, soit

Fig. 109. — Carabe.

Fig. 110. — Cicindèle.

à l'état d'insecte parfait, il détruit un nombre considérable de larves, de chenilles ou d'autres insectes.

Malheureusement bien des gens ne se rendent pas compte des services qu'il rend, et quand ils rencontrent un carabe, ils l'écrasent sans pitié.

Fig. 111. — Calosome.

La *cicindèle* (fig. 110) est aussi de couleur verte ; elle court rapidement, mais elle s'envole dès qu'on l'approche ; elle est très vorace et se nourrit d'autres insectes.

La gentille *coccinelle,* appelée encore *béte à bon Dieu*, au dos rond, aux ailes rouges ou jaunes parsemées de points noirs, est très répandue dans les jardins où elle se nourrit de pucerons.

Il existe un insecte bien curieux, qui ressemble un

peu au carabe ; c'est le *calosome* (fig. 111) qui fait une guerre acharnée à une espèce de chenille très vilaine, très nuisible, la *chenille processionnaire*.

Citons encore les *nécrophores* (fig. 112), qui sentent de loin les cadavres des petits animaux, taupes, rats,

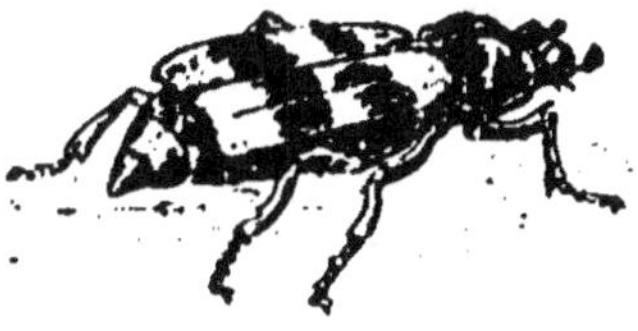

Fig. 112. — Nécrophore.

Fig. 113. — Staphylin.

Fig. 114. — Libellule.

souris, et qui les enterrent après avoir pondu leurs œufs dedans, de sorte que les larves une fois écloses trouvent de quoi se nourrir ; le *staphylin* (fig. 113), de couleur noire, qui redresse l'extrémité de son abdomen quand on le touche : il n'est pas dangereux, comme on le croit souvent ; il est très utile, car il détruit de petits cadavres en putréfaction ; la *libellule* ou *demoiselle* (fig. 114), le *ver luisant* qui détruisent de nombreux insectes.

Malheureusement ces insectes ne sont pas toujours très bien connus ; ils vivent la plupart du temps au milieu des insectes, nos ennemis, dont ils font leur nourriture, et on les détruit sans pitié.

109. Le ver à soie. — Parmi les papillons, il en est un d'une espèce particulière, dont la chenille, appelée *ver à soie*, nous donne la soie avec laquelle nous faisons de belles étof-

Fig. 115. — Papillon du ver à soie.

fes : c'est le *bombyx du mûrier* (fig. 115). Ce papillon n'est pas beau, son corps est gros ; on dirait qu'il est garni de petits poils, il a des ailes petites et d'un blanc sale ; il vole très lourdement.

Il vit peu de temps ; dès qu'il a pondu ses œufs, il meurt ; les œufs sont recueillis précieusement ; ils sont gros comme des grains de millet ; on les nomme *graines* ; ils sont blancs d'abord, ensuite ils deviennent jaunes, puis noirs.

Au printemps, quand il commence à faire chaud, ces œufs éclosent naturellement, et donnent naissance à une petite chenille noire, longue de quelques millimètres à peine : c'est le *ver à soie*.

110. Comment on élève les vers à soie. — *Les vers à*

---

109. — *Qu'est-ce que le ver à soie ? Comment est son papillon ? Que fait-on des œufs ?*

110. — *Où et comment élève-t-on les vers à soie ?*

soie ne vivent pas en liberté, comme les chenilles des autres papillons. En Chine et au Japon, on les élève en plein air. En France, dans le Midi, on ne peut pas les laisser dehors; on les élève dans de grandes chambres chauffées, appelées *magnaneries*. Ce mot vient de *magnan*, nom que l'on donne aux vers à soie dans le midi de la France.

Les œufs, ou graines, sont semés sur des feuilles de *mûrier*, afin que la chenille, aussitôt sortie de l'œuf, trouve sa nourriture. Le *mûrier* est un petit arbre que l'on cultive tout particulièrement pour les vers à soie. On le dépouille de ses feuilles à mesure que les chenilles grandissent, car elles mangent avec avidité.

Pourtant, de temps en temps, leur appétit diminue un peu; plusieurs fois dans le peu de temps que dure leur vie, elles changent de peau; chaque changement de peau se nomme *mue*. Dès que la peau est enlevée, elles recommencent à manger avec plus d'avidité. L'espace de temps compris entre deux changements de peau s'appelle *âge* : on compte cinq *âges* dans la vie du ver à soie.

Au bout d'une quarantaine de jours, les chenilles sont longues de sept à huit centimètres, et grosses à peu près comme le doigt; elles sont blanches et ont le corps nu, sans poils.

111. Les cocons. — Bientôt leur appétit diminue, elles cessent de manger; leur corps devient jaune.

---

111. — *Comment le ver à soie file-t-il son cocon?*

A ce moment on place à l'endroit où elles se trouvent des rameaux de bouleau, de genêt ou de bruyère. Les vers montent dans les petites branches, cherchent un endroit favorable, puis avec leur tête ils jettent des fils de droite à gauche, comme le fait une araignée qui commence à tisser sa toile. Ces fils, que le ver fait sortir de sa bouche, ne sont autre chose que la *soie*.

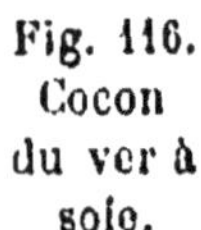

Fig. 116.
Cocon
du ver à
soie.

Le ver se place au milieu, se replie sur lui-même, et continue à jeter autour de lui un fil très mince qui se colle aux autres et finit par former un *cocon* (fig. 116) : c'est une sorte de boule, en forme d'œuf, et grosse comme le bout du doigt.

Le ver est au milieu du cocon ; il n'a plus sa première forme ; il est beaucoup plus court, il se transforme en chrysalide. Il reste immobile comme s'il était mort. Pendant une huitaine de jours, il a filé son cocon ; il y reste enfermé environ vingt jours sans prendre de nourriture.

Au bout de ce temps, il écarte les fils de soie qui forment le cocon, et sort ; ce n'est plus une chenille, une larve, c'est un papillon, un insecte parfait. Le papillon, nous l'avons dit, pond des œufs et meurt presque aussitôt. Ces œufs ne sont pas détruits ; on les conserve pour les faire éclore, ils donneront naissance à d'autres larves ou vers à soie.

112. La soie. — Le cocon est formé d'un seul fil de

---

soie d'une très grande longueur; pour en sortir, le papillon, avons-nous dit, écarte les fils de soie, perce le cocon ; la soie est donc coupée en plusieurs endroits. Vous pensez bien que si tous les cocons étaient percés ils auraient peu de valeur.

Aussi que fait-on? On n'attend pas que le ver à soie devienne papillon. On prend les cocons, et on procède à l'*étouffage*, c'est-à-dire qu'on les met dans un four fortement chauffé, ou qu'on les plonge dans l'eau bouillante; on tue ainsi les chrysalides qui sont à l'intérieur.

On fait ensuite sécher les cocons sur des tables, puis on les *dévide*. Les fils de soie sont réunis les uns aux autres par une sorte de matière gommeuse; pour les séparer on met les cocons dans une bassine peu profonde et remplie d'eau bouillante. Une ouvrière, la *dévideuse*, les bat avec un petit balai de bruyère; le bout des fils s'enroule autour de la bruyère. Elle réunit plusieurs fils, parce qu'un seul fil serait beaucoup trop fin, les serre entre le pouce et l'index; puis elle les enroule autour de bobines qu'une machine fait tourner.

Vous vous doutez bien qu'on ne dévide pas tous les cocons. On en garde un certain nombre, les plus beaux, pour obtenir des papillons qui pondront des œufs qu'on utilisera l'année suivante.

La culture des vers à soie, la *sériciculture*, demande, comme vous le voyez, de bien grands soins. La magnanerie doit être tenue dans un grand état de propreté, et bien aérée; il faut que la température n'y dépasse pas 20 degrés.

Malgré toutes les précautions que l'on peut prendre,

plusieurs maladies viennent souvent détruire un grand nombre de vers à soie ; on cherche à les éviter en donnant aux vers une nourriture excellente et saine, et en faisant brûler du soufre dans la magnanerie.

Les étoffes que l'on fabrique avec la soie coûtent cher, mais elles sont très recherchées ; aussi les usines où on les fabrique sont très importantes ; elles occupent des centaines de mille d'ouvriers. Les *soieries* de Lyon et de Saint-Étienne sont connues dans le monde entier.

SEIZIÈME LEÇON

LES ABEILLES

113. Les abeilles. — Quand on se promène l'été dans la campagne, et qu'on passe près d'un champ de luzerne, de trèfle ou de sainfoin en fleurs, on entend un bourdonnement confus, et l'on aperçoit un très grand nombre d'insectes, semblables à de grosses mouches qui voltigent de fleurs en fleurs. Elles s'arrêtent quelques instants sur une fleur, plongent leur tête dans l'intérieur, parfois même y pénètrent entièrement; puis elles en sortent, vont se poser sur une autre, et

---

A MONTRER. — 1° *Tableaux et images* : Abeille mère, — faux-bourdon; — ouvrière; — ancienne ruche de paille; — ruche à cadres; — rayon de cire, avec cellules ; — rucher; — un essaim. — 2° *Objets :* Abeille ouvrière; — étamines de lis avec pollen; — miel; — cire.

EXPÉRIENCES A FAIRE. — 1° Prendre une abeille et regarder son abdomen avec attention. Faire voir les différents anneaux dont il est composé. Le presser légèrement pour apercevoir le dard.

2° Examiner le ventre d'une abeille ; montrer entre les huit anneaux la matière cireuse qui suinte de la peau.

3° Montrer une abeille qui sort d'une fleur recouverte de pollen.

4° Mettre le nez dans les étamines d'une rose bien épanouie, d'un lis.

finalement s'envolent à tire d'aile. Ces espèces de grosses mouches sont des *abeilles;* elles pénètrent dans les fleurs pour puiser le liquide sucré qui est au fond de chacune; c'est ce liquide sucré qui deviendra du *miel.*

Comment est faite une *abeille?* Comme pour les autres insectes, son corps comprend trois parties, la *tête,* avec des *antennes* et une bouche : celle-ci a des *mandibules* qui servent à broyer, et une *trompe* destinée à recueillir le liquide sucré des fleurs. Le *thorax* porte quatre *ailes* et six *pattes;* les ailes sont transparentes, et leur battement produit le bourdonnement; les pattes sont garnies de poils qui sont très utiles à l'abeille.

L'abdomen est formé d'anneaux entre lesquels se forme une substance jaune, la *cire;* à l'extrémité se trouve un *dard,* ou *aiguillon,* qui communique avec une petite poche à venin; ce dard sert à l'abeille pour se défendre contre ses ennemis.

114. La colonie. — Les abeilles vivent par familles très nombreuses appelées *colonies;* leur habitation porte le nom de *ruche.*

Les *ruches* sont des espèces de corbeilles en paille ou des boîtes en bois, de forme particulière, qu'on place dans les jardins ou dans les champs, et dans les-

quelles les abeilles déposent le *miel* et la *cire*, et élèvent les jeunes abeilles écloses des œufs.

Chaque colonie comprend une *mère* ou *reine*, des
faux-bourdons et des abeilles *ouvrières*.

La *reine* (fig. 117) reste constamment dans la ruche ;
c'est elle qui pond les œufs d'où sortiront les jeunes
abeilles ; elle a le corps long et les ailes relativement
courtes. Les *faux-bourdons* (fig. 118) sont plus gros,
et n'ont pas d'aiguillon ; les ouvrières les tuent pen-

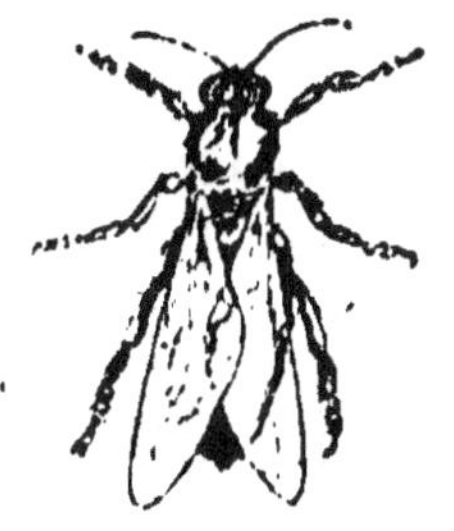

Fig. 117.
Abeille reine.

Fig. 118.
Faux-bourdon.

Fig. 119.
Abeille ouvrière.

dant l'été. Les *ouvrières* (fig. 119) sont très nombreuses.
Il fait bon les examiner, près d'une ruche, par une belle
journée d'été : les unes surveillent l'entrée de la ruche
pour ne pas laisser entrer d'insectes ou d'autres petits
animaux ; d'autres sont occupées à aérer la ruche en
agitant vivement leurs ailes ; d'autres la nettoient,
enlèvent les débris de toutes sortes, ainsi que les cadavres des abeilles mortes ; les autres enfin, et c'est le
plus grand nombre, quittent la ruche et s'envolent en
bourdonnant ; elles vont se poser sur les fleurs, pour y
recueillir leur butin ; puis elles reviennent lourdement

chargées, pénètrent dans la ruche, déposent leur récolte et repartent au travail : ce sont les *butineuses*.

115. Le travail des abeilles. — Comment le liquide sucré des fleurs, le *nectar*, pompé par l'abeille avec sa trompe, devient-il du miel? Ce nectar est introduit dans une poche de l'estomac de l'insecte; lorsque l'abeille revient à la ruche, elle le dégorge afin de le mettre en réserve. Toutes les butineuses ne font pas la récolte du nectar; il y en a qui semblent se promener à la surface des fleurs; elles font provision de *pollen;* c'est une sorte de poussière jaune qui s'échappe de petits sacs placés à l'extrémité des *étamines*, ou filets qui s'élèvent au milieu de la fleur. Elles pétrissent ce pollen, en forment de petites boules qu'elles emportent au moyen des deux pattes de derrière. Ce pollen doit servir à la nourriture des jeunes abeilles.

On a cru, pendant longtemps, que les abeilles nuisent à la production des fruits; il n'en est rien; des savants ont prouvé au contraire que plus les abeilles butinent sur les fleurs des arbres, plus il y a de fruits; plus elles butinent sur celles de la luzerne et du sainfoin, plus il y a de graines.

D'autres butineuses découvrent sur les peupliers, les bouleaux, les sapins, une espèce de gomme appelée *propolis;* elles s'en servent pour boucher les fentes de la ruche ou pour fixer les rayons de cire.

---

115. — *Comment l'abeille transforme-t-elle en miel le nectar des fleurs? Les abeilles nuisent-elles à la production des fruits? Qu'est-ce que la propolis? la cire?*

Les abeilles ne rapportent pas seulement à la ruche le miel, le pollen et la propolis; elles fournissent aussi de la *cire*.

Cette cire, avons nous dit, se forme entre les anneaux de l'abdomen. Les abeilles l'enlèvent avec les pattes de derrière, qui sont garnies de poils; elles la pétrissent avec leurs mandibules, et en font une sorte de bouillie, avec laquelle elles construisent les rayons de la ruche.

116. La ruche. — Lorsqu'elles vivent à l'état sauvage, les abeilles habitent les creux des rochers ou des troncs d'arbres. Mais le plus souvent, surtout dans nos pays, on les élève, comme on élève les animaux domestiques, comme on élève les vers à soie; l'art d'élever les abeilles s'appelle l'*apiculture*.

Fig. 120. — Ruche.

Autrefois on élevait les abeilles dans des *ruches* en paille ou en osier (fig. 120); pour avoir le miel et la cire qu'elles contenaient, il fallait briser les rayons et détruire la colonie, en y brûlant du soufre : c'était de la barbarie, de l'ingratitude, en même temps qu'une perte sérieuse.

116. — *Où habitent les abeilles à l'état sauvage? Qu'est-ce que l'apiculture? Comment sont les ruches? les rayons? Comment se développent les jeunes abeilles? Qu'est-ce qu'un essaim, et quand se forme-t-il?*

9.

Depuis plusieurs années, on emploie des caisses en bois, dans lesquelles on place des cadres mobiles, également en bois, que les abeilles remplissent de cire et de miel. La réunion de plusieurs ruches forme un *rucher* (fig. 121).

Les rayons sont creusés de petits trous réguliers, qu'on nomme *cellules* ou *alvéoles*. Ils sont en cire et

Fig. 121. — Rucher.

sont destinés à conserver le miel ou à servir de berceau aux jeunes abeilles.

La reine dépose au fond des cellules de petits œufs qui, au bout de quelques jours, deviennent des larves. Les ouvrières nourrissent ces larves en plaçant au fond des cellules une espèce de bouillie composée d'eau, de miel et de pollen.

Quand les larves sont assez grosses, elles emplissent les cellules que les ouvrières bouchent avec un peu de cire; puis elles se transforment en insectes parfaits.

C'est au printemps que la reine pond les œufs et que les jeunes abeilles éclosent. Il arrive souvent que la population devient considérable et se trouve à l'étroit dans la ruche. Une partie de la colonie se dispose alors à émigrer. Par une belle journée, de nombreuses abeilles sortent de la ruche, tourbillonnent dans les airs et finissent par se réunir en grappe, généralement à une branche d'arbre : elles forment ce qu'on appelle un *essaim*, que l'on peut enlever et placer dans une nouvelle ruche.

117. Le miel et la cire. — Pour avoir le miel, il faut d'abord retirer les rayons de la ruche. Afin de ne pas être piqué par les abeilles, il faut se couvrir le visage d'un *voile* très fin, et les mains de *gants* de peau.

Au moyen d'une espèce de petit soufflet, on envoie de la fumée dans les ruches ; cette fumée étourdit les abeilles pendant quelques instants ; on peut alors retourner les ruches en paille et enlever les rayons, ou retirer les cadres des ruches en bois.

Pour retirer le miel des rayons, on enlève la petite couche de cire qui ferme les cellules, et le miel s'écoule ; on peut aussi presser les rayons, de façon à en extraire tout le miel qu'ils renferment ; il ne reste plus alors que la cire.

Le miel pur et naturel est un aliment très sain. Mangé avec du pain de froment, il est très agréable et très utile à la santé. Dans un ménage, le miel remplace

---

117. — *Comment fait-on pour obtenir le miel ? la cire ? Quels sont les usages du miel, de la cire ?*

avantageusement le sucre; on peut s'en servir pour fabriquer des sirops, des compotes, des confitures, des liqueurs. On l'emploie pour faire le pain d'épices. On peut aussi fabriquer une excellente boisson en faisant fermenter du miel délayé dans de l'eau. C'est l'*hydromel*, qui, autrefois, était la boisson préférée de certains peuples du Nord.

La cire est de couleur jaune; c'est une matière grasse que l'on emploie dans l'industrie; elle sert à faire les cierges, les allumettes-bougies; les pharmaciens l'emploient dans la préparation de certains remèdes; les couturières en enduisent leur fil; les menuisiers s'en servent pour rendre les meubles brillants. Elle entre aussi dans la composition des cirages, des toiles cirées, des encaustiques.

Les abeilles, vous le voyez, sont de petits insectes bien industrieux : les cellules des rayons servent de berceaux aux jeunes abeilles; ce sont aussi des magasins, dans lesquels elles font des provisions de miel et de cire, dont l'homme s'empare, et qu'il utilise pour ses besoins journaliers.

DIX-SEPTIÈME LEÇON

ARTICULÉS. — MOLLUSQUES. — RAYONNÉS.
LES INVERTÉBRÉS

118. **Les animaux articulés.** — Le corps du hanneton se compose de trois parties, la *tête*, le *thorax* et l'*abdomen*. Ce dernier lui-même est formé d'anneaux qui s'emboîtent les uns dans les autres. Le corps du hanneton est donc formé *d'articles;* c'est pourquoi on range le hanneton parmi les *animaux articulés,* ou simplement les *articulés.*

La *mouche,* la *fourmi,* la *sauterelle,* le *ver à soie,* l'*abeille,* et tous les insectes que nous avons étudiés, sont aussi des *articulés.*

Considérons une *araignée;* que remarquons-nous? Comme le hanneton, elle a le corps formé d'anneaux, d'articles; c'est donc aussi un *articulé.* Peut-on la

A MONTRER. — 1° *Tableaux et images :* Araignée tissant sa toile ; — scorpion ; — mille-pattes ; — scolopendre ; — écrevisse ; — homard ; — crabe ; — crevette ; — cloporte ; — sangsue ; — ver solitaire ; — escargot ; — limace ; — huître ; — moule ; — étoile de mer ; — oursin ; — corail ; — éponge. — 2° *Objets :* coquille d'escargot, — d'huître, — de moule ; — bouton de nacre ; — étoile de mer ; — corail ; — éponge.

classer parmi les insectes, comme la mouche, la fourmi, la punaise ? Pas du tout, car les insectes ont six pattes, et vous pouvez voir que l'araignée en a huit.

Si nous examinions un *mille-pattes*, une *écrevisse* ou une *crevette*, un *ver de terre*, nous verrions que ces animaux ont, comme l'araignée, le corps formé de par-

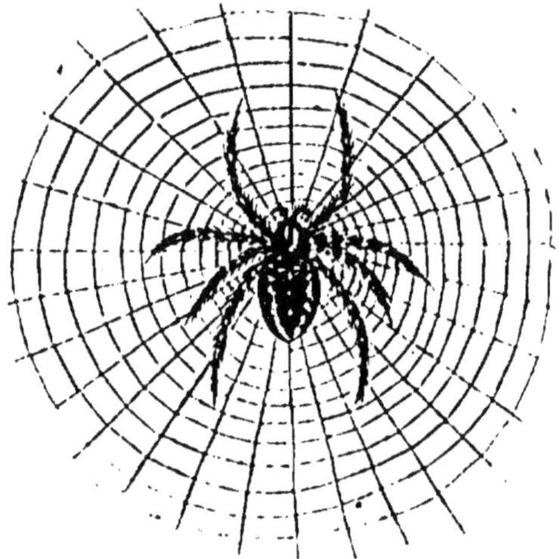

Fig. 122. — Araignée.

ties qui s'articulent les unes dans les autres : ce sont aussi des *articulés*.

Les articulés peuvent se diviser en plusieurs groupes : les *insectes*, dont nous avons parlé, les *araignées*, les *myriapodes*, les *crustacés*, les *vers*.

119. Les principaux articulés : les araignées. — Dans le groupe des *araignées*, il convient de citer

Questionnaire. — 118. — *Qu'appelle-t-on animaux articulés ? Donnez des exemples. Comment divise-t-on les articulés ?*
119. — *Faites la description de l'araignée, du scorpion.*

d'abord l'*araignée* (fig. 122), qu'on rencontre dans nos habitations; elle habite les angles des murs, des planchers et des charpentes; on la trouve aussi dans les haies ou sur les arbres. Elle tisse une toile, qui lui sert à prendre les petits insectes, mouches ou moucherons, dont elle fait sa nourriture; c'est aussi dans cette toile qu'elle habite et qu'elle pond ses œufs.

Fig. 123. — Scorpion.

Le *scorpion* (fig. 123) appartient au même groupe; les pattes de devant sont armées de pinces; la queue est terminée par une sorte de crochet, qui communique avec une poche à venin, et avec lequel il pique ses ennemis. Le scorpion se rencontre sous les pierres; on en trouve aussi dans les caves et dans les celliers. Dans nos pays, sa piqûre n'est pas dangereuse pour l'homme; mais il n'en est pas de même dans les pays chauds, où elle peut causer la mort.

120. Les myriapodes. — Les *myriapodes* ou *mille-pieds* ont un très grand nombre de pattes; la tête est armée d'antennes; ils n'ont pas d'ailes.

Quand on soulève une grosse pierre, dans un endroit humide, on voit souvent s'enfuir de petits animaux au corps allongé, muni d'un grand nombre de pattes : ce sont des *mille-pattes* (fig. 124).

---

120. — *Qu'appelle-t-on myriapodes ? Parlez du mille-pattes, de la scolopendre.*

La *scolopendre*, qu'on rencontre dans le midi de l'Europe est aussi un *myriapode;* elle fuit la lumière,

Fig. 124. — Mille-pattes.

se cache à l'humidité sous l'écorce des vieux arbres; sa morsure n'est pas dangereuse pour l'homme, mais elle fait enfler la partie mordue et provoque une vive démangeaison. Dans les pays chauds, la morsure de la scolopendre, sans être mortelle, est très douloureuse.

121. Les crustacés. — Vous connaissez l'*écrevisse*, ou tout au moins la *crevette;* le corps de ces animaux est

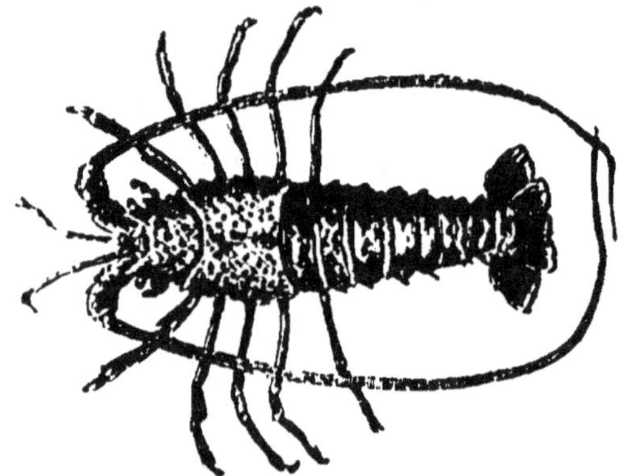

Fig. 125. — Langouste.

recouvert d'une peau dure, solide, pierreuse, qui leur sert de carapace : on les nomme des *crustacés*. Les

---

121. — *Qu'appelle-t-on crustacés ? Parlez de l'écrevisse, du homard, de la langouste, du crabe, de la crevette, du cloporte.*

crustacés vivent ordinairement dans l'eau ; ils respirent comme les poissons, au moyen de branchies.

L'écrevisse vit dans les ruisseaux ; elle a dix pattes ; les deux de devant sont armées de fortes pinces. Elle mange des petits mollusques, des insectes, des têtards ; on la pêche de différentes manières ; sa chair est très estimée.

Dans la mer vivent le *homard*, la *langouste* (fig. 125) ; on pourrait dire que ce sont de grosses écrevisses ; ils

Fig. 126. — Crabe.   Fig. 127. — Crevette.

se cachent dans les fentes des rochers ; leur chair, très estimée, se mange fraîche ou conservée, mais elle est d'une digestion difficile.

Le *crabe* (fig. 126) a le corps moins allongé ; sa chair est moins délicate que celle du homard et de la langouste.

La *crevette* (fig. 127) est toute petite ; on la trouve le long des côtes ; elle se nourrit d'œufs de poissons ; elle est très recherchée.

Le *cloporte* ne vit pas dans l'eau, mais sur la terre ; il habite les lieux obscurs et humides ; il se cache sous les pierres. On le rencontre principalement dans les caves, les celliers, les fentes des murs.

122. Les vers. — Vous avez déjà vu des *vers de terre;* ils diffèrent des autres articulés en ce qu'ils n'ont pas de pattes. Ils vivent dans la terre humide, et ils se nourrissent des substances nutritives qu'elle peut contenir.

Ils présentent un caractère tout particulier; lorsqu'on coupe en deux un ver de terre, il ne meurt pas; chaque partie continue à vivre; celle qui a la tête ne tarde pas à avoir une queue; à celle qui a la queue, il pousse bientôt une tête, et on a alors deux vers différents. Vous savez que les vers de terre sont utilisés par les pêcheurs qui les mettent comme appât au bout de leurs lignes.

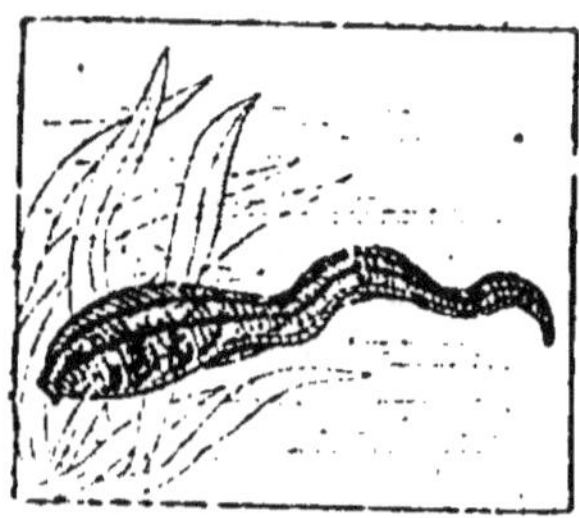

Fig. 128. — Sangsue.

La *sangsue* (fig. 128) est aussi un ver. Elle vit dans l'eau. La tête est armée de mâchoires en forme de scie, avec lesquelles elle entame la peau des animaux; elle leur suce ensuite le sang, jusqu'à ce qu'elle soit tout à fait repue. On l'utilise en médecine; dans les marais où elle vit, on place de vieux chevaux; les sangsues s'attachent aux pattes de ces animaux, et on les recueille sans difficulté.

Certaines espèces de vers vivent dans le corps de l'homme ou dans celui des animaux. Vous connaissez

---

122. — *Qu'est-ce que les vers de terre? Quelle particularité présentent-ils? Parlez de la sangsue, des vers intestinaux. Qu'est-ce que le ver solitaire, la trichine?*

les *vers intestinaux,* qu'on trouve dans l'intestin, surtout chez les enfants. Le plus redoutable des vers intestinaux est sans contredit le *ténia* ou *ver solitaire* (fig. 129), dont la longueur atteint plusieurs mètres. Il est très difficile de s'en débarrasser : sa tête, très petite, est armée de crochets avec lesquels il s'attache fortement à l'intestin. Pour qu'on soit débarrassé du ver solitaire, il ne suffit pas de rendre des anneaux en plus ou moins grand nombre, il faut aussi rendre la tête.

Fig. 129. — Ver solitaire.

Une espèce de petit ver, la *trichine,* vit dans la chair du porc; si on l'absorbait, il pénétrerait dans les muscles, et pourrait devenir très dangereux; c'est pourquoi on ne doit manger de la viande de porc qu'après qu'elle a été bien cuite.

123. Les mollusques. — Vous avez déjà vu un *escargot,* une *limace;* ils ont le corps mou, ce qui fait qu'on leur a donné le nom de *mollusques.* L'escargot vit enfermé dans une *coquille;* la limace n'a pas de coquille.

L'*escargot* (fig. 130) et la *limace* (fig. 131) vivent sur la terre. On les rencontre dans les prés, dans les bois,

---

123. — *Qu'appelle-t-on mollusques? Parlez de l'escargot, de la limace, de l'huître, de la moule. Où élève-t-on les huîtres et les moules? Qu'est-ce que la nacre, les perles?*

dans les jardins, où ils causent de grands dégâts en

Fig. 130. — Escargot.

mangeant les feuilles des légumes et des arbres. On leur fait une chasse acharnée. La chair de l'escargot constitue un mets recherché, mais elle est d'une digestion très difficile.

Fig. 131. — Limace.

Dans la mer vivent des mollusques bien connus, l'*huître* (fig. 132) et la *moule* (fig. 133). Ces

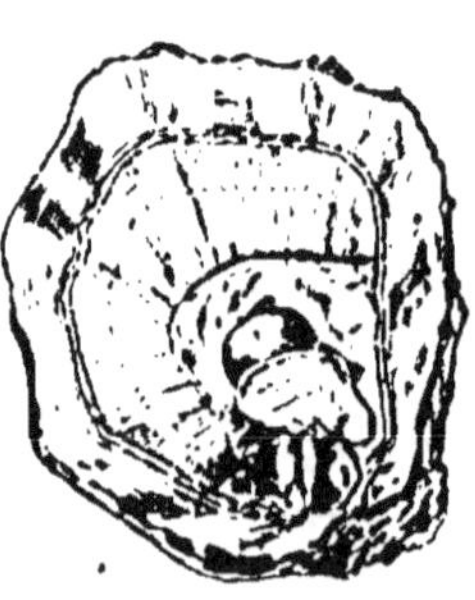

Fig. 132. — Huître.

Fig. 133. — Moule.

deux animaux ont une coquille formée de deux parties.

Ils se fixent sur les rochers qu'ils ne quittent pas. Pour se nourrir, ils ouvrent leur coquille et l'eau de la mer pénètre jusqu'à leur corps. Leur chair est très estimée : aussi on ne se contente pas d'aller les chercher sur les rochers où ils se trouvent; on les élève, surtout les huîtres, dans des endroits appelés *parcs;* les principales huîtres sont celles de Cancale, de Marennes, d'Arcachon.

Fig. 134. — Étoile de mer.

Fig. 135. — Oursin.

La coquille de l'huître donne la *nacre,* substance dure et lisse, avec laquelle on fait des objets très brillants. Dans certaines huîtres, on trouve de petites boules, les *perles fines,* qui sont très recherchées pour les parures de dames.

124. Les rayonnés. — Au bord de la mer, on rencontre souvent des animaux plats, dont le corps est formé de cinq branches; ce sont des *étoiles de mer* (fig. 134); d'autres ont la forme d'une boule, garnie de

---

124. — *Qu'appelle-t-on rayonnés? Parlez de l'étoile de mer, de l'oursin, du corail, de l'éponge.*

piquants, ce sont des *oursins* (fig. 135). Dans leur corps on ne voit ni tête, ni pattes; il s'y trouve une partie centrale et des espèces de rayons qui vont jusqu'aux extrémités. L'étoile de mer et l'oursin sont des *rayonnés*.

On peut rapprocher des rayonnés d'autres animaux qui vivent aussi dans la mer, le *corail* et l'*éponge*.

Fig. 136. — Corail.

Fig. 137. — Éponge.

Le *corail* (fig. 136) présente la forme d'arbustes en pierre. Quand on examine un de ces arbustes, on voit que les branches pierreuses sont recouvertes de petites peaux molles. Le corail n'est autre chose qu'un animal, qui a sécrété la matière pierreuse de l'arbre; les petits animaux forment comme les fleurs de cet arbre. Le corail est très utilisé pour faire des objets de parure.

L'*éponge* (fig. 137) est aussi un animal; son corps a une forme très variable, et présente un grand nombre d'ouvertures. Comme le corail, elle sécrète une matière pierreuse. On pêche les éponges par des procédés particuliers, on laisse les animaux mourir et se putréfier;

on nettoie bien l'enveloppe, et on obtient les éponges que vous connaissez, et dont on fait grand usage pour la toilette.

125. Les invertébrés. — Si l'on examine le corps d'un hanneton, d'une araignée ou d'un mille-pattes, d'une écrevisse, d'une limace, d'une étoile de mer, y trouve-t-on, à l'intérieur, des parties dures, des *os*, comme dans celui du chat, de la poule, par exemple?

La peau est plus ou moins dure, plus ou moins résistante, mais jamais il n'y a d'os dans le corps de ces animaux : ce ne sont donc pas des *vertébrés*.

Les animaux sans os ont été appelés *invertébrés*, qui veut dire *non vertébrés* : les invertébrés n'ont pas de vertèbres, par suite pas d'autres os.

Ainsi, les animaux se divisent en deux groupes, les *animaux vertébrés* et les *animaux invertébrés*, qui comprennent chacun un certain nombre de groupes secondaires.

---

125. — *Qu'est-ce que les invertébrés? Quels sont leurs caractères?*

DEUXIÈME PARTIE
VÉGÉTAUX

DIX-HUITIÈME LEÇON
LA FORÊT
UN ARBRE : RACINES, TRONC, BRANCHES, FEUILLES

126. A la campagne : les végétaux; la forêt. — Avez-vous déjà été vous promener à la campagne, par une belle journée de printemps? Vous n'y avez pas vu, comme à la ville, des maisons plus ou moins hautes, des trottoirs, des rues pavées.

Mais l'*herbe* qui borde les chemins était bien verte; dans les champs, poussaient des *plantes* variées; les *buissons*, les *haies* étaient couverts de feuilles d'un vert

---

A MONTRER. — 1° *Tableaux et images :* Aspect de la campagne au printemps; — une forêt ; — cerisier : racines, — tronc, — branches, — feuilles. — 2° *Objets :* Racines avec radicelles ; — gomme de cerisier ; — feuille.

EXPÉRIENCE A FAIRE. — Faire distinguer dans une feuille le pétiole, le limbe, les nervures.

tendre ; de tous côtés, dans les jardins, dans les champs, vous pouviez voir des *arbres* de toutes sortes, des *cerisiers*, des *pruniers*, des *pommiers*, des *poiriers*, couverts d'une multitude de petites fleurs blanches, qui leur faisoient comme une magnifique parure.

Les *herbes* des champs, les *plantes* des prairies, les *arbustes* qui forment les buissons et les haies, les *arbres* couverts de feuilles et de fleurs, sont des *végétaux*. Ils poussent tous les ans de nouvelles feuilles ; donc ils vivent ; mais ils restent à la place même où on les a plantés, jusqu'à ce qu'on les arrache ou qu'ils meurent. Ce sont là les caractères qui distinguent les végétaux.

En continuant votre promenade, vous avez peut-être vu un grand espace de terrain sur lequel poussaient de nombreux arbustes ou arbres, rapprochés les uns des autres. Cet espace de terrain, ainsi planté d'arbres, est un *bois*. Il y a des bois qui occupent une très grande étendue ; on les appelle alors des *forêts*.

Dans une forêt, on trouve des arbres en quantité considérable ; parfois, ils sont tous de la même espèce : on a, par exemple, des *forêts de pins* ; mais la plupart du temps, les arbres des forêts sont d'espèces différentes, et on y trouve en même temps des *chênes*, des *hêtres*, des *charmes*, etc.

Le bord de la forêt, l'endroit où elle se termine, où elle touche aux champs qui l'environnent, s'appelle la *lisière* de la forêt ; de place en place, on rencontre,

---

Questionnaire. — **126.** — *Que voit-on à la campagne au printemps? Qu'est-ce qu'un bois? une forêt?*

dans la forêt, des espaces dégarnis d'arbres; on les nomme des *clairières*.

127. Un arbre : le cerisier. — De tous les arbres dont il vient d'être question, il en est un que tout le monde connaît, c'est le *cerisier* (fig. 138). On le rencontre dans les vergers et dans les champs; il est surtout apprécié pour les fruits rouges et juteux, les *cerises*, qu'il produit de très bonne heure, alors que les jardins et les vergers n'ont pour ainsi dire encore rien fourni.

Fig. 138. — Cerisier.
(Racines, tronc, branches, feuilles).

Dans les forêts, on trouve un arbre qui ressemble au cerisier; c'est le *merisier*. On peut même supposer que, dans les temps les plus reculés, il n'existait que des merisiers, qui, par la culture, ont produit des cerises de différentes sortes. Le fruit du merisier sauvage, la *merise,* est moins grosse, moins juteuse et moins agréable que la cerise.

128. Les racines. — Examinons donc un *cerisier* et

----

127. — *Qu'est-ce que le cerisier? le merisier?*

128. — *Qu'est-ce que les racines? Qu'appelle-t-on racine prin-cipale? racines secondaires? radicelles? A quoi servent les racines?*

voyons de quoi il se compose. Est-ce qu'il est simplement posé sur la terre? S'il en était ainsi il ne se tiendrait pas longtemps dans la position verticale : au moindre choc, au moindre coup de vent, il tomberait à terre. Et pourtant il est solidement fixé dans le sol; pourquoi cela? Y a-t-il donc quelque chose que nous ne voyons pas?

Si nous creusions au pied de l'arbre, nous verrions une partie de cet arbre qui s'enfonce dans la terre : ce sont les *racines*. Les racines fixent donc l'arbre au sol, et l'empêchent de tomber; grâce à elles, il peut résister aux vents les plus violents, qui ne parviennent même pas à le courber.

En continuant à creuser, nous mettrions à jour de grosses racines, aussi grosses parfois que l'arbre lui-même ; mais si nous pouvions arriver à l'extrémité de l'une d'elles, nous remarquerions qu'elle s'est amincie depuis sa naissance et qu'elle se termine par des racines très petites. On distingue, dans un arbre, la *racine principale*, de laquelle partent des *racines secondaires*, qui s'étendent dans toutes les directions; toute racine, principale ou secondaire, se termine par des *radicelles*. Enfin, sur toutes les racines on remarque des espèces de filaments qui ressemblent à des *poils;* ils puisent dans la terre les substances qui serviront à la nourriture de l'arbre.

129. Le tronc; les branches. — La racine du cerisier

---

129. — *Qu'est-ce que la tige? le tronc? les branches? la sève? A quoi sert la tige?*

s'enfonce dans la terre; qu'est-ce donc que cette autre partie qui s'élève en l'air et dont la racine est la suite? C'est la *tige*. Vous remarquerez qu'elle se compose elle-même de plusieurs parties : l'une est grosse, c'est celle qui sort de terre; elle s'élève à une certaine hauteur : on la nomme la *tige principale* ou le *tronc*.

À un mètre ou deux du sol, partent du tronc d'autres parties, semblables à la tige, mais moins grosses que celle-ci : ce sont les *branches*. Comme les racines, les branches diminuent de grosseur à mesure qu'on approche de leur extrémité. Le tronc même du cerisier ne porte pas de branches.

Ainsi la *tige* comprend le *tronc* et les *branches;* à quoi sert-elle? Sans doute, nous voyons sur les branches des feuilles, des fleurs, et après les fleurs, des fruits; mais n'a-t-elle pas un autre rôle?

Si vous examiniez attentivement le tronc du cerisier, vous pourriez voir de place en place des espèces de petites boules d'un jaune plus ou moins foncé; elles ressemblent à de la gomme. Avec un couteau, on peut les enlever. Par quoi sont-elles formées?

Les racines, avons-nous dit, puisent dans la terre les substances qui devront servir à la nourriture de l'arbre; ces substances sont dissoutes dans de l'eau, ce qui permet aux racines de les absorber sans difficulté : l'eau ainsi chargée de substances nutritives se nomme la *sève*. La sève monte dans le tronc et dans les branches, va jusqu'aux extrémités de l'arbre, pour le nourrir, puis redescend dans le tronc. Quand elle rencontre une petite fissure, elle sort du tronc, se dessèche à l'air et forme les petites boules que vous avez pu voir sur le cerisier.

Ainsi la tige porte les branches, les feuilles et les fruits ; elle sert aussi à conduire, du sol jusqu'à l'extrémité des branches, la sève qui devra servir à la nourriture de l'arbre.

130. Les feuilles. — En hiver, le cerisier, comme la plupart des arbres, du reste, ne nous montre que son tronc et ses branches. Au printemps, ces dernières se recouvrent de lames qui ont d'abord une couleur vert tendre, puis qui s'allongent et deviennent plus dures; la couleur verte devient plus foncée : ce sont des *feuilles*.

Examinons une de ces feuiles, et voyons de quoi elle est composée.

Nous apercevons d'abord une sorte de petit filet qui sert à attacher la feuille à la branche; on l'appelle vulgairement la *queue* de la feuille; son nom est le *pétiole*. Nous remarquons ensuite la partie verte et aplatie de la feuille : elle se nomme le *limbe*.

En regardant le dessus et le dessous de la feuille, nous verrons que la couleur verte n'est pas de même nuance. En dessus, la feuille est vert foncé, en dessous, elle est vert pâle; le dessus de la feuille est lisse, brillant; le dessous est rugueux, terne.

Dans le limbe, le pétiole semble se continuer jusqu'à

130. — *Qu'est-ce que les feuilles? Quelles sont les différentes parties d'une feuille? A quoi servent les feuilles?*

l'autre extrémité ; mais de place en place partent de petites ramifications qui se dirigent à droite et à gauche, d'une manière à peu près régulière : on les nomme les *nervures* de la feuille.

A quoi servent les feuilles ? Puisque les racines puisent dans le sol la nourriture de l'arbre, quel peut bien être leur rôle? Les feuilles ne sont pas moins indispensables à l'arbre que les racines. Cet arbre puise dans l'air une partie de sa nourriture : c'est grâce aux feuilles qu'il peut y prendre le charbon, qui y est contenu, et qui, après avoir été absorbé, se transforme en bois.

Nous avons dit précédemment que la sève, puisée dans le sol par les racines, s'élève dans le tronc, puis dans les branches, pour redescendre ensuite; il vous est facile de comprendre qu'elle se répand aussi dans les feuilles. Là, elle se trouve en contact direct avec l'air ; elle perd une partie de l'eau qu'elle renfermait ; c'est ce qui vous explique pourquoi, quand elle redescend dans le tronc, et qu'elle en peut sortir, elle est épaisse comme de la gomme. Les feuilles permettent donc à une partie de l'eau, contenue dans la sève, de s'évaporer.

Vous savez qu'à l'automne les feuilles du cerisier, ainsi du reste que celles de la plupart des arbres, jaunissent et tombent; elles couvrent le sol d'un épais tapis. L'arbre, dépouillé, dénudé, apparaît comme un grand squelette : la chute des feuilles annonce l'approche de la mauvaise saison.

DIX-NEUVIÈME LEÇON

UN ARBRE (*suite*) : FLEURS ET FRUITS
LA GRAINE ET LA GERMINATION

131. **Le cerisier** (*suite*) : **les fleurs**. — Au mois d'avril,
le cerisier se revêt d'une belle parure; on y aperçoit
une multitude de petites
fleurs (fig. 139) blanches
qui lui donnent un aspect

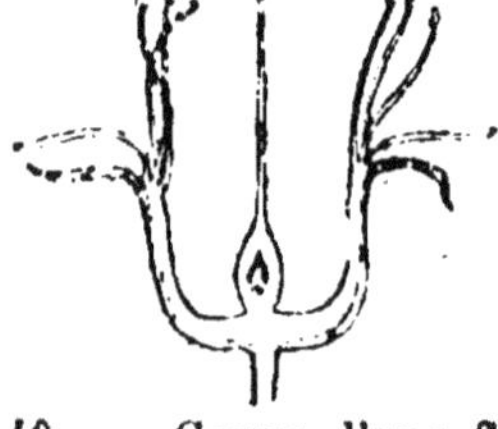

Fig. 140. — Coupe d'une fleur,
montrant les divers éléments.

Fig. 139. — Fleur de cerisier

charmant. Ces fleurs sont groupées par petits bouquets;
chaque bouquet en renferme de deux à six.

Examinons une de ces fleurs (fig. 140) et voyons de

A MONTRER. — 1° *Tableaux et images* : Cerisier en fleurs; —
une fleur de cerisier grossie : calice avec sépales, — corolle

quoi elle se compose. Vous voyez d'abord qu'elle est supportée par une sorte de queue, qui l'attache à l'arbre : c'est le *pédoncule*.

Regardons sous la partie blanche de la fleur ; nous remarquons, faisant suite au pédoncule, cinq lamelles verdâtres, assez semblables à de toutes petites feuilles : ce sont les *sépales*, dont l'ensemble constitue le *calice* de la fleur. Le calice enveloppe toute la fleur lorsqu'elle n'est pas encore épanouie : vous pouvez vous en rendre compte en examinant un *bouton de rose* ; au fur et à mesure que la fleur s'ouvre, les sépales s'écartent.

A l'intérieur du calice, nous apercevons cinq petites lames blanches ; elles constituent la partie colorée de la fleur ; leur ensemble forme la *corolle*, qu'on appelle généralement la *fleur*, quoiqu'elle n'en soit qu'une partie.

---

avec pétales, — étamines (filets, anthères), — pistil (stigmate, style, ovaire, ovule) ; — germination des grains de haricots dans de la mousse humide. — 2° *Objets* : Une fleur.

Expériences a faire. — 1° Faire distinguer les diverses parties d'une fleur de cerisier ou de toute autre fleur.

2° Montrer, dans les étamines, le filet, l'anthère, le pollen ; dans le pistil, le stigmate, le style, l'ovaire.

3° Fendre l'ovaire, montrer le ou les ovules, selon la fleur.

4° Mettre un haricot dans l'eau pendant quelque temps ; enlever la peau ; montrer la plantule.

5° Prendre un verre rempli de mousse humide et non tassée, dans laquelle on aura placé quelques haricots ; humecter la mousse de temps en temps ; les haricots ne tarderont pas à germer et à se développer.

Questionnaire. — 131. — *Quelles sont les différentes parties d'une fleur ? Qu'est-ce que le pédoncule ? le calice ? la corolle ? les étamines ? le pistil ? Quelles sont les différentes parties qui composent chacune d'elles ?*

Bien que le calice et la corolle soient les parties apparentes de la fleur, elles n'en sont pas les plus importantes. Regardons entre les pétales, au centre de la fleur : nous voyons une vingtaine de petites baguettes, terminées chacune par une petite boule jaune : on les nomme les *étamines*.

Chaque étamine se compose de deux parties : l'une est allongée, mince ; c'est un petit filament qu'on

Fig. 111. — Pistil.

Fig. 112. — Pistil coupé montrant l'ovule.

nomme le *filet*; la petite boule qui se trouve à l'extrémité est l'*anthère*.

Il vous est peut-être arrivé de vouloir sentir une fleur de *lis*; vous avez mis le nez dans l'intérieur de la fleur, et vous l'avez retiré tout jaune ; comment cela s'est-il produit ? Les anthères se sont ouvertes et ont laissé échapper une poussière jaune qui s'est attachée au nez. Si vous secouiez les étamines de la fleur de cerisier, vous verriez aussi tomber de la poussière jaune : c'est le *pollen*, dont nous avons déjà parlé à propos des abeilles.

Continuons notre examen de la fleur; tout à fait au

centre se dresse un petit filet, plus gros qu'une étamine : on le nomme le *pistil* (fig. 141). Nous pouvons voir qu'il se compose de trois parties : au sommet, un petit renflement qu'on appelle le *stigmate;* au-dessous du stigmate une sorte de tube mince, le *style;* enfin un renflement bien prononcé, plus gros que le stigmate : c'est l'*ovaire*. Avec un canif, coupons en deux cet ovaire : nous apercevrons une sorte de petite boule blanche qu'on nomme l'*ovule* (fig. 142).

Ainsi la fleur du cerisier comprend cinq parties bien distinctes : le *pédoncule*, le *calice*, formé de petites feuilles vertes ou *sépales*, la *corolle*, formée de *pétales*, les *étamines* dont chacune est composée d'un *filet*, terminé par une *anthère*. sorte de petit sac qui renferme une poussière jaune, le *pollen*, enfin le *pistil*, qui comprend trois parties : au sommet, le *stigmate,* au milieu, une sorte de filet, le *style,* à la base un renflement, l'*ovaire*, renfermant l'*ovule*.

132. Utilité des diverses parties de la fleur. — Pourquoi tant de parties dans une fleur? A quoi peut bien servir chacune d'elles? Le *pédoncule*, avons-nous dit, rattache la fleur à l'arbre; le *calice* et la *corolle* entourent les *étamines* et le *pistil* et leur servent d'enveloppes protectrices, avant l'épanouissement de la fleur.

Quant aux *étamines*, leur importance est considé-

---

132. — A quoi servent le pédoncule? le calice et la corolle? Quelle est l'importance des étamines et du pistil? Comment se forme le fruit?

rable. Ce n'est pas le *filet* qui est utile, mais le *pollen*.

Lorsque la fleur est bien épanouie, les *anthères* s'ouvrent et le pollen tombe ; ne croyez pas qu'il soit perdu. Si à ce moment nous pouvions examiner la partie supérieure du *pistil*, c'est-à-dire le *stigmate*, nous verrions qu'elle est toute jaune : le pollen tombe donc sur le stigmate.

Quelque temps après, on voit l'*ovaire* grossir : que s'est-il passé ? Le pollen est arrivé jusqu'à l'*ovule* ; celui-ci s'est développé, s'est gonflé et a fait grossir l'ovaire. C'est l'ovaire qui devient le fruit, la cerise que vous connaissez ; quant à l'ovule, il a formé, en grossissant, la graine qui se trouve dans le noyau de la cerise.

Dès que l'ovaire est *fécondé*, c'est-à-dire dès que le pollen se trouve en contact avec l'ovule, le calice et la corolle se flétrissent et tombent ; l'ovaire, qui deviendra le fruit, n'a plus alors d'enveloppe protectrice.

Ainsi, dans une fleur, les étamines et le pistil ont une importance considérable : sans eux, la fleur ne pourrait pas se transformer en fruit. Si l'on enlevait les anthères, en les coupant délicatement avec des ciseaux, la fleur ne donnerait pas de fruit.

De même, si l'on enlevait le stigmate du pistil, ou bien si on le recouvrait d'un peu de gomme ou de vernis, le pollen ne pourrait pas pénétrer dans le style et arriver jusqu'à l'ovule : dans ce cas encore, on n'aurait pas de fruit.

Ainsi, dans le cerisier, le fruit est produit par le développement de l'ovaire, et la graine provient du développement de l'ovule.

133. Le fruit et la graine. — Dans la cerise nous mangeons toute la partie juteuse qui est autour du noyau ; nous jetons ce noyau, et par conséquent la graine qu'il renferme.

D'autres fruits ressemblent à la cerise ; vous les connaissez ; la prune, l'abricot, la pêche ont, à l'intérieur, un noyau avec une graine. La pomme, la poire, au lieu de noyau, renferment des pépins.

Il ne faudrait pas croire, d'après les fruits que nous venons de nommer, que le fruit est une partie de la plante qui renferme un noyau, comme la cerise et la prune, ou bien des pépins, comme la pomme et la poire. Le fruit est parfois un peu différent : la gousse du haricot, du pois, de la fève ; la tomate, le melon, le potiron, la noix, la châtaigne sont des fruits tout aussi bien que la cerise et la poire.

Tous ces fruits renferment des graines, et parfois, comme dans le pois, le haricot, la châtaigne, c'est seulement la graine, contenue dans le fruit, que nous mangeons.

Mais la graine ne sert pas toujours à notre nourriture ; que fait le cultivateur qui veut récolter du blé, le jardinier qui veut récolter des haricots ? Ils mettent en terre, l'un des grains de blé, l'autre des haricots, c'est-à-dire des graines.

La graine peut donc produire une autre plante ? Prenons un haricot, plus facile à examiner que la graine

---

133. — *Qu'est-ce que le fruit? Que renferme-t-il? Que voit-on dans une graine de haricot? Qu'est-ce que la plantule?*

contenue dans un noyau de cerise, et voyons de quoi il se compose.

Tout d'abord nous apercevons une peau plus ou moins dure, que nous pourrons facilement enlever avec un canif, surtout si nous avons laissé tremper le haricot quelque temps dans l'eau. Nous voyons ensuite deux parties bombées, appliquées l'une contre l'autre; séparons-les; sur l'une de ces parties, nous remarquons une petite masse blanche assez semblable à un asticot; c'est le *germe* du haricot; en le regardant attentivement, nous verrons qu'il forme une véritable petite plante, possédant une petite racine, une petite tige, de petites feuilles; on le nomme encore la *plantule*.

C'est cette plantule qui donnera naissance à une nouvelle plante lorsque le haricot sera semé en terre.

134. La germination. — Prenons un verre rempli de mousse humide et non tassée, dans laquelle nous aurons placé quelques haricots. Si nous avons le soin d'humecter cette mousse de temps en temps, savez-vous ce qui se produira? Au bout de quelques jours, nous verrons les haricots se gonfler, puis la peau qui les enveloppe se déchirer. De chaque grain sortira une petite pointe blanche qui se dirige de haut en bas; c'est une *racine*; les haricots *lèvent*. Bientôt au fur et à mesure que la racine s'allonge, les deux parties du haricot se séparent, deux petites feuilles apparaissent;

---

134. — *Que se produit-il quand on met des haricots dans de la mousse humide? Expliquez comment se fait la germination.*

elles se développent, et l'on voit enfin une petite tige qui s'élèvera dans l'air. En continuant l'expérience, nous apercevrons sur la racine des ramifications se dirigeant en différents sens, et même de petits poils qui absorbent de l'eau du verre.

Les haricots, placés dans la mousse humide, ont *germé;* la petite plante qu'ils renfermaient s'est développée pour former une nouvelle plante : ce développement de la plantule se nomme la *germination.*

Si les haricots étaient semés en terre au lieu d'être mis dans de la mousse humide, ils germeraient d'une façon toute semblable. La racine principale, munie de de ses radicelles et de ses poils absorbants, s'enfoncerait dans la terre et y puiserait les substances nécessaires à la nourriture de la nouvelle plante; la tige s'élèverait en l'air, produirait des branches, des feuilles, des fleurs et des fruits tout à fait semblables à ceux qui avaient été semés.

Si, au lieu de haricots, on mettait en terre des noyaux de cerises, ils germeraient également; mais il faudrait beaucoup de temps à la petite racine de la graine pour pouvoir sortir du noyau, qui est très dur. Une fois sortie, la petite plante se développerait de la même manière que celle qui est produite par un haricot.

VINGTIÈME LEÇON

LES ARBRES DE LA FORÊT

135. Dans la forêt. — Le cerisier, le prunier, le pommier, le poirier et un certain nombre d'arbres que l'on cultive dans les vergers ou dans les champs, nous fournissent des fruits estimés : on les nomme des *arbres fruitiers*.

Dans la forêt, il y a des arbres en quantité considérable ; mais ce n'est pas par leurs fruits qu'ils nous sont utiles ; c'est par leurs branches et leur tronc qui forment ce qu'on appelle le *bois*.

Les arbres des forêts sont rapprochés les uns des autres ; ils forment des *taillis* et des *futaies*.

Les *taillis* renferment des arbres que l'on coupe ordi-

A MONTRER. — 1° *Tableaux et images :* Forêt avec taillis et futaies ; — hêtre ; — châtaignier ; — pin maritime ; — sapin ; — extraction de la résine ; —orme ; — bouleau ; — noisetier ; —peuplier ; — saule ; — noyer ; —robinier faux-acacia ; — marronnier d'Inde. — 2° *Objets :* Branche et feuille de chêne ; — gland ; — faîne ; — châtaigne ; — branche de pin, — de sapin ; — résine ; — feuilles d'orme, — de bouleau, — de peuplier, — de saule, — de robinier faux-acacia, — de marronnier ; — noisette ; — noix ; — marron.

nairement assez jeunes, soit pour les employer au chauffage, soit pour en faire du charbon, des cercles, des
échalas; on les coupe au ras du sol et la souche restée
en terre, produit de nouvelles pousses.

Les *futaies* diffèrent des taillis; les arbres y sont très
vieux et très gros; on ne les exploite que quand ils
ont de grandes dimensions; dans les taillis, les arbres
repoussent de souche; les futaies se renouvellent presque entièrement par des semis.

Nous ne pouvons songer à étudier l'un après l'autre
tous les arbres de la forêt; nous nous contenterons de
parler des plus importants.

136. Le chêne. — En premier lieu, citons le *chêne*,
le roi des forêts; c'est un bel arbre, qui peut atteindre
jusqu'à trente mètres de hauteur et devenir très gros.

Il existe de nombreuses variétés de chênes; la plus
connue est le *chêne commun* qu'on rencontre dans
toutes les forêts de France et de l'Europe. Son bois est
excellent, aussi bien pour le chauffage que pour la charpente, la menuiserie et l'ébénisterie. L'écorce, toute
fendillée, donne le *tan* qu'on utilise pour tanner le cuir,
et qui sert ensuite à fabriquer des mottes. Les fruits du
chêne, les *glands*, sont ramassés avec soin pour servir
de nourriture aux porcs, qui en sont très friands.

Le *chêne vert* ou *yeuse* a un bois très dur, qui peut

Questionnaire. — **135.** — *Qu'est-ce qu'une forêt? Qu'appelle-
t-on taillis? futaie?*

136. — *Parlez du chêne : que produit-il ? Qu'est-ce que le
chêne-liège?*

recevoir un beau poli; on en fait surtout des essieux. Il produit des glands doux, bons à manger.

Le *chêne-liège*, qu'on rencontre dans le midi de la France, est remarquable par son écorce très épaisse, qu'on enlève par plaques et dont on fait du *liège*.

Le chêne, surtout le chêne commun, peut vivre très longtemps; on a rencontré des chênes qui avaient plusieurs centaines d'années.

137. Le hêtre. — Le *hêtre* est, après le chêne, l'arbre le plus important de nos forêts; en France on le désigne quelquefois sous le nom de *fayard;* il peut, comme le chêne, atteindre une trentaine de mètres de hauteur. Le bois, très léger, mais très solide, est utilisé par les menuisiers et les charrons. On ne l'emploie guère dans les constructions parce qu'il se fend et que les vers l'attaquent facilement. Comme bois de chauffage, il est supérieur au chêne.

Le fruit du hêtre se nomme la *faîne;* on en extrait une huile bonne à manger et qui a l'avantage de se conserver longtemps sans devenir rance.

138. Le châtaignier. — Le *châtaignier* est un bel arbre qui peut atteindre de vingt à vingt-cinq mètres de hauteur et devenir très gros. En France on le rencontre surtout dans les Vosges, le Jura, le Limousin.

---

137. — *Qu'est-ce que le hêtre? A quoi sert-il? Qu'est-ce que la faîne?*

138. — *Qu'est-ce que le châtaignier? Comment mange-t-on les châtaignes?*

Le bois du châtaignier n'est guère employé comme bois de chauffage; mais comme il est très élastique, on en fait des échalas, des cercles, des tonneaux; on l'utilise aussi comme bois de charpente.

Le châtaignier est surtout renommé par les fruits qu'il nous donne, les *châtaignes,* qui entrent pour une grande part dans l'alimentation des habitants des montagnes ; dans certaines parties du Limousin, des Cévennes, les paysans en font presque leur unique nourriture.

Les châtaignes sont entourées d'une enveloppe verte épineuse (fig. 143); on les récolte en

Fig. 143. — Châtaigne entourée de son enveloppe épineuse. — Châtaigne dépouillée de cette enveloppe.

automne, on les dépouille de leur enveloppe, et on les conserve jusqu'à ce qu'on ait besoin de les utiliser. On les mange cuites sous la cendre ou grillées; on peut également les faire bouillir dans de l'eau ou dans du lait. On en fait aussi de la farine que l'on convertit ensuite en bouillie, en galettes, et même en pain d'une saveur douce et agréable.

139. Le pin et le sapin. — Dans les forêts on trouve

---

139. — *Qu'est-ce que le pin ? le pin maritime ? Comment obtient-on la résine ? Qu'est-ce que le sapin ? A quoi sert-il ?*

encore deux arbres résineux dont l'importance est considérable, le *pin* et le *sapin*.

Une espèce de pin, le pin *sylvestre*, atteint quelquefois trente mètres de hauteur; il se plaît surtout dans les climats froids. Son bois sert dans la charpente et la menuiserie; on en fait des poteaux télégraphiques, ainsi que des mâts pour les navires.

Le *pin maritime* (fig. 144) est plus répandu et plus important; on en trouve de véritables forêts dans les Landes, où on l'a planté afin d'arrêter les sables mouvants ou dunes. Son bois est employé pour faire des traverses de chemins de fer, des charpentes, des pilotis; les boulangers l'utilisent pour chauffer leurs fours. C'est surtout du pin maritime qu'on extrait une espèce de gomme appelée *résine*. Pour l'avoir, on pratique dans le tronc de l'arbre des incisions par lesquelles la résine s'écoule; on la recueille dans des seaux que l'on suspend généralement au tronc (fig. 145). La résine, qui est molle, durcit peu à peu.

Fig. 144. — Branche de pin.

Le *sapin* (fig. 146) vit dans les montagnes; on le trouve en Suède et en Norvège où il forme des forêts entières, et en France, dans les Vosges, les Alpes, les Pyrénées. Il peut s'élever à quarante mètres de hauteur. Il a une écorce blanchâtre, un bois élastique; ce bois est utilisé pour faire des mâts de navires; on l'emploie aussi dans les constructions : il fournit des pou-

Fig. 145. — Extraction de la résine.

tres, des solives, des planches pour les parquets. A Paris, beaucoup de rues sont pavées avec des pavés en bois de sapin.

Le sapin fournit aussi des matières résineuses, parti-

culièrement la térébenthine. Ses jeunes pousses, connues sous le nom de *bourgeons de sapin,* sont employées
en pharmacie. Le pin et le sapin ne perdent pas leurs
feuilles en hiver; ils restent toujours verts.

Fig. 146. — Sapin.

140. **Les autres arbres de la forêt**. — Vous pensez
bien que dans les forêts on ne rencontre pas seulement
des chênes, des hêtres, des châtaigniers, des pins et
des sapins. On y voit aussi des *charmes,* des *frênes,*
des *ormes,* des *bouleaux,* des *noiseliers* et bien d'autres
encore; disons quelques mots de chacun de ces arbres.

---

140. — *Parlez du charme, du frêne, de l'orme, du bouleau, du
noiselier. A quoi servent-ils?*

Le *charme* a l'écorce lisse, grisâtre, les feuilles ovales. Ses branches se ploient facilement; son bois est employé par les charrons et les tourneurs; on en fait aussi des manches d'outils, des vis de pressoirs; c'est un excellent combustible qui donne une belle flamme et beaucoup de chaleur.

Le *frêne* diffère des arbres que nous venons de citer en ce que chacune de ses feuilles comprend dix ou douze petites feuilles, nommées *folioles*. Son bois est très élastique; les charrons s'en servent pour faire les limons et les brancards des voitures; on en fait aussi des cercles pour les tonneaux.

Fig. 147. — Bouleau. — En haut, à gauche, une feuille.

L'*orme* se rencontre très souvent sur les routes; son feuillage se conserve vert très longtemps. Son bois est très dur; il est utilisé par les charpentiers et les charrons. Les ébénistes recherchent une variété d'orme dont le tronc, très noueux, offre de belles veines.

Le *bouleau* (fig. 147) se fait remarquer par la couleur blanche de son écorce, dont on fait des corbeilles et d'autres petits objets. Son bois, qui n'est pas très dur, sert à faire des sabots; c'est aussi un excellent combustible qu'on emploie pour chauffer les fours des boulangers.

Le *noisetier* ne s'élève guère au delà de quatre mètres

de hauteur ; son bois est très léger. Il est surtout remarquable par ses fruits, les *noisettes*, que l'on mange fraîches ou sèches, et dont on extrait aussi une huile employée dans la parfumerie.

141. Les arbres des champs. — Dans les champs, sur le bord des chemins, des ruisseaux et des rivières, il y a aussi des arbres.

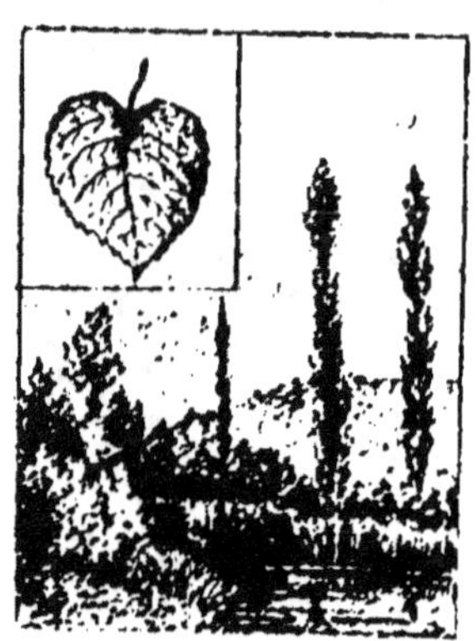

Fig. 148. — Peuplier d Italie.
A gauche, une feuille.

Tous, vous avez déjà vu des *peupliers*. Ce sont de grands arbres, dont les feuilles s'agitent au moindre mouvement de l'air. On les rencontre surtout dans les endroits humides. Une espèce bien connue, le *peuplier d'Italie* (fig. 148), est remarquable en ce que les branches commencent assez près de terre et se dressent tout le long du tronc. Le bois du peuplier est très léger ; il est très employé par les menuisiers.

Les *saules* (fig. 149) sont très communs dans les endroits humides et marécageux, et sur le bord des ruisseaux. Tous les trois ou quatre ans, on en coupe les branches, qui sont longues et flexibles, et on les

---

141. — *Quels arbres voit-on dans les champs ? Parlez du peuplier, du saule, du noyer, du robinier faux-acacia, du marronnier d'Inde.*

utilise sous le nom d'*osier* : les vanniers en font des
paniers, des corbeilles, des hottes, et une foule d'autres
petits objets d'agrément. Le bois du saule, très léger,
est utilisé pour chauffer les fours, pour faire des perches
ou des échalas.

Fig. 149. — Saules.

Dans les champs, au bord des chemins, on rencontre
souvent des *noyers*. Ce sont de beaux arbres, qui
peuvent atteindre jusqu'à quinze mètres de hauteur.
Ils sont très utiles ; les feuilles, qui ont une odeur très
forte, sont employées en médecine ; le bois, de couleur
grisâtre, est très serré : on en fait des sabots, des montures de fusils. Ils fournissent aussi des fruits très

estimés, les *noix*, que l'on mange fraîches ou sèches ; on peut encore en extraire une huile excellente, utilisée dans la cuisine.

Citons enfin quelques arbres que vous connaissez bien : le *robinier faux-acacia*, vulgairement appelé *acacia*, aux belles fleurs blanches ou roses, réunies en forme de grappes ; le *platane*, aux larges feuilles, qu'on rencontre le long des routes, sur les avenues ou les boulevards, le *marronnier d'Inde*, qui orne les promenades, et dont les fruits, les *marrons*, sont bien connus.

VINGT ET UNIÈME LEÇON

LE BOIS

142. Le bois — Les arbres des forêts fournissent du *bois* qu'on utilise pour le chauffage, la construction, la menuiserie ou l'ébénisterie ; ce bois est donné par le tronc, les branches et même par les racines.

Les arbres des champs, les arbres fruitiers des jardins et des vergers produisent aussi du bois. Les arbustes qu'on rencontre dans les haies, l'aubépine, le prunellier ; ceux des jardins, le groseillier, le buis, en produisent également. Sans doute ce bois, sauf pour quelques espèces, n'est guère utilisé que pour le chauf-

A MONTRER. — 1° *Tableaux et images :* Coupe d'une branche de chêne ; — jeune branche de chêne avec bourgeons et cicatrices. — 2° *Objets :* Morceau de chêne scié en travers ; — branche de chêne.

EXPÉRIENCES A FAIRE. — 1° Prendre un morceau de chêne ou de sapin, scié en travers : montrer l'écorce, le cœur, l'aubier, les différentes couches de bois.

2° Faire déterminer l'âge d'une jeune branche par l'examen des bourgeons et des cicatrices des écailles tombées.

3° Faire déterminer l'âge d'une branche de chêne ou de sapin, sciée en travers, par l'examen des couches de bois,

fage ; c'est néanmoins du bois, c'est-à-dire une substance dure et résistante, qui constitue l'arbre et l'arbuste.

Mais tous les végétaux ne donnent pas du bois ; les
herbes des prairies et des champs, celles qui poussent
dans les chemins, les céréales que l'on cultive pour la
nourriture de l'homme et celle des animaux, ont une
tige qui diffère beaucoup de celle des arbustes ; elle
n'est ni grosse ni très élevée ; elle n'est pas résistante ;
parfois elle est creuse, comme celle du blé ; souvent
elle est constituée par une sorte de feuille mince et
allongée : la tige de ces végétaux est dite *tige her-
bacée.*

A l'automne, quand la mauvaise saison approche, les
arbres et les arbustes perdent leurs feuilles ; au printemps suivant, ils donnent de nouvelles feuilles et de
nouvelles branches ; les tiges herbacées se dessèchent,
jaunissent, se flétrissent ; seule la racine ne meurt pas
toujours, et au printemps suivant, elle donne naissance
à une nouvelle tige.

143. De quoi se compose le bois. — Nous pouvons
nous demander de quoi est formé le bois qui constitue
le tronc et les branches des arbres et des arbustes.

Examinons une branche de chêne qui a été coupée très nettement ; qu'y remarquons-nous?

D'abord une partie extérieure, rugueuse, fendillée, assez dure, qu'on peut détacher sans trop de difficulté ; c'est l'*écorce*, qui sert à l'arbre d'enveloppe protectrice. Sous l'écorce se trouve le *bois* proprement dit, d'une couleur plus ou moins foncée, d'une dureté plus ou moins grande ; c'est lui qui forme la plus grande partie de la branche. Au centre de la branche se trouve une partie plus tendre que le bois : c'est la *moelle*. Si nous avions pris une branche de chêne assez grosse, à peine aurions-nous pu voir la moelle ; dans les jeunes branches, on la distingue très bien, et dans certains arbustes, comme le sureau, elle occupe la plus grande partie de la branche.

Ainsi le bois se trouve entre la moelle et l'écorce. On peut y distinguer deux parties différentes; l'une, située autour de la moelle, est la plus dure, la plus foncée : c'est le *cœur* du bois. Tout autour du cœur, sous l'écorce même, s'étend une partie plus tendre et plus claire : c'est l'*aubier*. L'aubier est beaucoup moins recherché que le cœur, à cause de sa dureté moins grande. Enfin, dans le bois, vous pouvez aussi remarquer des lignes blanchâtres, qui traversent le cœur et l'aubier, allant de la moelle à l'écorce : on les nomme des *rayons médullaires*.

144. Comment se forme le bois. — Comment se forme

---

144. — *Comment se forme le bois? Expliquez comment la sève circule dans l'arbre.*

le *bois* ? Au printemps, lorsque la nature se ranime, on voit les arbres se couvrir de nouvelles feuilles. Les racines puisent dans la terre les substances nécessaires à la nourriture de la plante, et qui forment la sève ; cette dernière monte dans l'arbre, particulièrement par l'aubier ; elle se répand dans les rameaux, et arrive à l'extrémité des branches ; elle forme alors les feuilles, les fleurs, puis les fruits ; elle redescend ensuite entre l'écorce et l'aubier ; elle forme ainsi le *bois*.

Lorsqu'elle est montée au printemps, la sève était très liquide ; aussi, le bois qu'elle a donné n'est pas très dur ; en effet, une partie de l'eau qu'elle contenait s'est évaporée, et il s'est formé de nombreux petits trous qu'on remarque très bien dans une bûche ou une planche de chêne.

A l'automne, quand elle est redescendue, elle était épaisse, une grande partie de son eau s'étant évaporée par les feuilles ; aussi elle a formé un bois plus serré, plus dur, dans lequel on ne remarque pas de petits trous.

Ainsi, le bois est formé par la sève qui monte dans l'arbre au printemps et redescend à l'automne ; il constitue chaque année une couche d'autant moins épaisse que l'arbre est plus gros.

145. Examen d'une branche. — Lorsqu'on examine une jeune branche d'arbre, on remarque très bien les

145. — Que remarque-t-on quand on examine une branche ? Qu'est-ce qu'un bourgeon ? Comment trouve-t-on l'âge d'une branche ?

différents passages de la sève (fig. 150). Si l'on prend une branche de l'année, on n'y voit que l'écorce et une partie ligneuse, avec la moelle au milieu. Il n'en est pas de même avec une branche plus âgée.

A l'extrémité de la branche, on aperçoit une sorte de petite boule, terminée en pointe ; c'est un *bourgeon*, recouvert d'*écailles* brunes. Au moment où la sève arrive dans le bourgeon, les écailles s'entr'ouvent, s'écartent pour livrer passage aux feuilles ou bien à une nouvelle branche, puis elles tombent ; cette nouvelle branche est verte.

Fig. 150. — Branche de chêne.

A l'endroit où elle a pris naissance, on peut donc voir les traces, les cicatrices des écailles tombées. Or, les années précédentes, quand la branche s'est allongée, le bourgeon qui la terminait a perdu ses écailles ; à la place qu'il occupait, on aperçoit un petit bourrelet avec des cicatrices.

Si donc nous partons de l'extrémité de la branche, que remarquons-nous ? De cette extrémité aux premières cicatrices, la branche a un an ; la partie de la branche comprise au-dessous, jusqu'au second bourrelet, a deux ans ; elle est plus grosse que la précédente ; du deuxième bourrelet au troisième, la branche a trois ans ; on peut continuer ainsi jusqu'au rameau principal où elle prend naissance. Si l'on remarque quatre bourrelets, non compris le bourgeon terminal, on trouve cinq parties dans la branche ; chacune de ces parties correspond à une année de végétation : la branche a donc cinq ans.

146. L'âge des arbres.

— Dans une grosse branche ou dans le tronc, on ne remarque plus de cicatrices laissées par les écailles tombées ; est-il possible néanmoins de connaître l'âge de cette branche ou de cet arbre ? Nous supposons, bien entendu, que la branche a été coupée, l'arbre abattu.

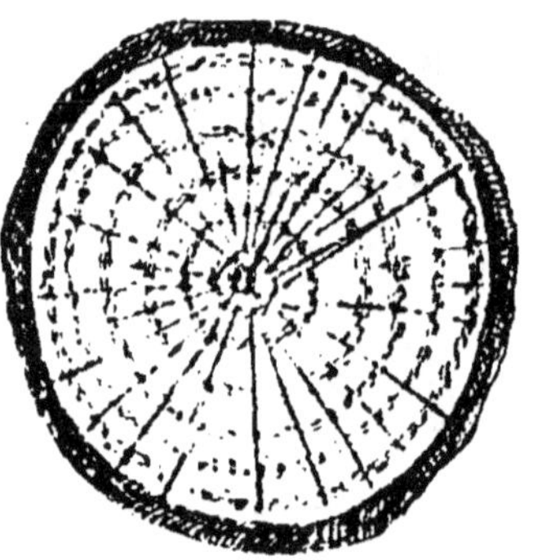

Fig. 151. — Rondelle de chêne, montrant les diverses couches de bois.

Chaque année, avons-nous dit, il se forme entre l'aubier et l'écorce une nouvelle couche de bois ; lorsqu'une branche est coupée bien nettement (fig. 151), on distingue des lignes qui forment des cercles, correspondant chacun à une couche de bois, par conséquent à une année.

Si donc, dans une branche coupée, dans une bûche, on compte quinze couches de bois, on peut en conclure que la branche a quinze ans.

---

146. — *Comment peut-on connaître l'âge d'un arbre à l'examen du tronc ?*

Ainsi, on peut connaître l'âge des arbres, lorsqu'ils sont coupés, en comptant le nombre de couches de bois qui vont de la moelle à l'écorce. Cependant, il n'est pas toujours très facile de le faire, car certains arbres vivent très vieux, quelquefois même des milliers d'années.

147. Les usages du bois. — Tous les arbres sont utiles par le bois qu'ils fournissent. Ce bois est employé pour le chauffage : c'est alors du *bois de chauffage*. On peut aussi s'en servir dans les constructions : on en fait des poutres, des solives, des charpentes, des portes, des fenêtres, des parquets, des meubles de toutes sortes ; on a alors du *bois d'œuvre* ou de *travail*.

Comme bois de chauffage, on utilise les vieux arbres fruitiers, et surtout la plupart des arbres de nos forêts.

Les bois d'œuvre se répartissent en plusieurs catégories, d'après les usages auxquels on les destine. En premier lieu viennent les *bois blancs*, comme le peuplier ; ils ont l'inconvénient d'être peu solides et de ne pas durer longtemps. Les *bois durs*, comme le chêne, le hêtre, ont une couleur plus foncée que les bois blancs ; ils sont durs et résistants. Les *bois résineux*, tels que le pin et le sapin, n'ont pas la consistance des bois durs ; mais ils durent beaucoup plus longtemps que les bois blancs.

---

147. — *A quoi sert le bois ? Qu'est-ce que le bois de chauffage ? le bois d'œuvre ? Comment divise-t-on les bois d'œuvre ?*

VINGT-DEUXIÈME LEÇON

LE BÛCHERON. — LE CHARBONNIER

148. Le bûcheron. — Lorsque nous avons besoin de bois de chauffage, nous en achetons chez le marchand de bois. Le charpentier, le menuisier, l'ébéniste, et tous les ouvriers qui travaillent le bois, achètent chez un marchand de bois ce qui leur est nécesssaire. Mais le bois que nous employons pour nous chauffer, les poutres et les solives du charpentier, les planches du menuisier diffèrent beaucoup des arbres que l'on voit dans les forêts. Il faut faire subir à ces derniers un certain nombre d'opérations.

Vous comprendrez fort bien qu'on ne peut utiliser ces arbres qu'autant qu'ils sont abattus : couper les arbres des forêts, les *abattre*, cela constitue le travail du *bûcheron* (fig. 152).

Avez-vous déjà eu l'occasion de vous promener non

A MONTRER. — 1° *Tableaux et images :* Travail du bûcheron dans la forêt; — scieurs de long; — coupe d'une meule pour la fabrication du charbon de bois; — charbonniers fabriquant du charbon de bois. — 2° *Objets :* Morceaux de charbon de bois; — un fumeron.

loin d'un bois ou d'une forêt? Vous auriez pu entendre
les coups de hache frappant les arbres : le travail du
bûcheron est pénible et n'est pas toujours sans danger.

Fig. 152. — Travail du bûcheron.

149. Le travail du bûcheron. — Comment s'y prend
le bûcheron pour abattre un arbre? Avec sa hache, il
entaille l'arbre au pied, le plus près possible de terre,
et du côté où cet arbre doit tomber. Quand l'entaille
est assez profonde, c'est-à-dire quand elle va à peu près

jusqu'au milieu de l'épaisseur du tronc, il fait une nouvelle entaille du côté opposé; à un certain moment, l'arbre n'est plus retenu que par une mince couche de bois; le bûcheron le pousse alors de toutes ses forces; on entend un craquement sourd; l'arbre s'incline petit à petit et tombe à terre avec un grand bruit de branches cassées.

Parfois aussi, pour éviter que l'arbre ne tombe dans une mauvaise direction, le bûcheron fixe une grosse corde à la partie supérieure, avant de commencer à l'entailler. Quand il juge que l'arbre ne tardera pas à tomber, il tire fortement sur la corde, et l'arbre s'abat à l'endroit convenable.

Au lieu de hache, le bûcheron emploie souvent une scie. Deux hommes coupent l'arbre près du pied; ils opèrent comme on le fait avec la cognée, c'est-à-dire que quand le tronc est scié à peu près jusqu'à moitié de son épaisseur, ils font une nouvelle entaille du côté opposé.

L'arbre est à terre; que va faire le bûcheron? Avec une *serpe*, il *débite* l'arbre, c'est-à-dire qu'il en coupe les branches. Les plus petites sont réunies en *fagots*; elles flambent très bien; aussi elles serviront à allumer le feu. Les grosses branches sont coupées en *bûches* d'égale longueur, puis rangées en tas de forme régulière. Ce sont ces bûches que le marchand de bois vend pour le chauffage et que l'on utilise, après qu'elles ont été sciées de nouveau pour pouvoir être placées dans les cheminées.

Le tronc, une fois débarrassé de ses branches, n'est

pas encore livré au commerce. Lorsqu'il s'agit d'arbres peu gros, ou dont le bois n'est pas employé dans l'industrie, on les scie en plusieurs parties d'égale longueur. Chaque partie est ensuite fendue au moyen de *coins* de fer sur lesquels le bûcheron frappe de toutes ses forces avec un énorme *maillet* de bois, ou une masse de fer.

S'il s'agit de gros troncs, le bûcheron les débarrasse de leur écorce, puis, avec sa hache, il les taille grossièrement, de façon qu'ils ne soient plus ronds, mais qu'ils aient quatre côtés plats : il les *équarrit.*

Le bûcheron qui abat un arbre doit prendre de grandes précautions pour ne pas être écrasé ou même blessé par la chute de l'arbre qu'il abat. Il doit surtout éviter que l'arbre, en tombant, ne brise les arbres voisins qui ne seront pas abattus. Ce sont principalement les branches qui peuvent causer des dommages ; aussi, le plus souvent, le bûcheron les coupe à l'avance ; il grimpe à l'arbre et les abat au moyen d'une serpe : on dit qu'il *élague* l'arbre.

150. Le scieur de long. — Les arbres, une fois équarris, sont conduits hors de la forêt et entassés dans de grands chantiers, où on les transforme en poutres, en solives et en planches : ce sont des ouvriers, appelés *scieurs de long* (fig. 153), qui sont chargés de ce travail. Ils placent l'arbre équarri sur deux tréteaux ;

___

150. — *En quoi consiste le travail du scieur de long ? Comment se fait le travail dans une scierie mécanique ?*

l'un d'eux monte sur l'arbre ; au moyen d'une grande scie qu'il met en mouvement avec l'aide d'un autre ouvrier, il donne à l'arbre la forme d'une poutre, ou bien le divise en planches plus ou moins épaisses.

Depuis longtemps déjà, on a établi des *scieries méca-*

Fig. 153. — Scieurs de long.

niques. Au lieu de scies longues comme celles des scieurs de long, on y emploie des *scies circulaires* qu'une machine à vapeur fait tourner. L'ouvrier n'a qu'à pousser le tronc d'arbre contre la scie ; cette dernière, en tournant rapidement, fait, en très peu de temps, un travail considérable.

Mais les ouvriers sont obligés de prendre de grandes précautions, afin d'éviter des accidents

151. Le charbonnier. — Le bois, employé comme combustible, donne de la flamme, il produit de la fumée ; il noircit ensuite et devient du charbon qui se consume sous forme de braise ardente, et ne donne ni flamme ni fumée.

Mais si l'on éteint le bois avant qu'il soit complètement brûlé, il reste du charbon qu'on peut encore utiliser : c'est du *charbon de bois* (fig. 154).

Dans les forêts, le bois que l'on coupe n'est pas toujours facilement transportable ; aussi en utilise-t-on une partie pour fabriquer sur place du

Fig. 154. — Charbon de bois.

charbon de bois : il suffit simplement de brûler le bois à demi, par suite d'en faire sortir tout ce qui produit de la flamme et de la fumée.

Ce sont les *charbonniers* qui fabriquent le charbon de bois. Lorsqu'on *exploite* une partie de la forêt, c'est-à-dire lorsqu'on en abat les arbres, ils viennent s'y installer.

152. Fabrication du charbon de bois. — Comment s'y prend le charbonnier pour fabriquer le charbon de bois ?

Il coupe d'abord les branches en bûchettes d'une certaine longueur ; il choisit ensuite dans la forêt un ter-

---

151. — *Qu'est-ce que le charbonnier ?*
152. — *Comment fabrique-t-on le charbon de bois ?*

rain bien uni, ferme et sec, à l'abri du vent. Il plante en terre quelques bûchettes disposées les unes à côté des autres, de façon à former comme un tuyau de cheminée.

Puis il empile les bûchettes tout autour de ce tuyau, en les inclinant légèrement. Il place les unes sur les autres plusieurs rangées de bûchettes. Il obtient ainsi un tas de bois-appelé *meule* (fig. 155).

Fig. 155.—Meule pour la fabrication du charbon de bois.

La meule est ensuite recouverte de mottes de gazon, afin d'empêcher le bois de brûler entièrement. Sur les mottes de gazon, le charbonnier place une couche de terre bien battue; il a le soin pourtant de laisser ouvert, à la partie supérieure, le trou de la cheminée; en outre, il fait à la base de la meule quelques ouvertures, ou *évents*, pour permettre à l'air d'y pénétrer.

Quand la meule est ainsi préparée, il jette dans la cheminée des morceaux de bois enflammés. Les bûchettes du tas prennent feu, et brûlent lentement; quand toute la meule est bien embrasée, il bouche toutes les ouvertures avec des mottes de gazon, afin qu'il ne pénètre pas trop d'air, et que la combustion ne soit ni rapide, ni complète. S'il n'agissait pas ainsi, une partie du bois brûlerait en donnant des cendres et de la braise, ce qui lui occasionnerait une perte considérable.

Au bout de quelques jours, la meule est refroidie; le charbonnier la démolit, et il a alors du charbon de bois. Il y a bien encore quelques morceaux de bois qui ne sont pas suffisamment brûlés, et qui donneraient beaucoup de fumée, si on les employait : ce sont les *fumerons*, que le charbonnier met soigneusement de côté.

Le charbon de bois est ensuite mis dans des sacs et transporté à la ville, où il est vendu aux ménagères.

On peut faire du charbon avec tous les bois que produit la forêt, mais ils ne fournissent pas tous du charbon de même qualité. Les bois blancs donnent un charbon léger, qui se consume rapidement, donne peu de chaleur, et laisse une cendre blanche. On choisit de préférence des bois durs; le charbon qu'ils fournissent est excellent; le meilleur charbon se reconnaît aux qualités suivantes : il est sonore, dur, se casse assez difficilement et présente une cassure brillante.

VINGT-TROISIÈME LEÇON

LE SABOTIER. — LE MENUISIER. — LE CHARPENTIER. LE CHARRON

153. Le sabotier. — Vous savez que, pour préserver les pieds de l'humidité, pour ne pas marcher sur les pavés ou sur les cailloux des chemins, nous mettons des chaussures. Les chaussures peuvent être en cuir; elles portent alors le nom général de *souliers;* elles peuvent être en bois : on les nomme alors des *sabots.* Les sabots ne se portent plus guère que dans les campagnes, surtout pendant l'hiver : ils sont faits par le *sabotier* (fig. 156).

On fait les sabots avec du bouleau, du hêtre, et même du pin sylvestre; mais ces bois sont des bois tendres; aussi, les sabots obtenus ne sont pas très solides; de plus, ils s'usent rapidement; les meilleurs sabots, ceux qui durent le plus longtemps, qui préservent le mieux

---

A MONTRER. — 1° *Tableaux et images :* Un sabotier; — menuisier rabotant une planche; — charpentier assemblant des pièces de bois; — roue de voiture; — principales voitures; — tonneau; — damier. — 2° *Objets :* Bride à sabot; — ciseau de menuisier; — dominos.

du froid et de l'humidité sont faits avec du noyer.

On donne aux sabots des formes très diverses : les uns ont le bout pointu et relevé ; d'autres l'ont arrondi ; quelques-uns sont munis d'une *bride* en cuir qui empêche le pied de sortir du sabot ; d'autres enfin n'ont

Fig. 156. — Sabotier.

pas de bride ; mais tout le dessus du sabot est en bois.

Comment s'y prend le sabotier ? Il scie le bois en morceaux de la longueur voulue ; puis, avec une petite hache à manche court, il les fend en deux s'ils sont trop gros et leur donne grossièrement la forme du sabot. Ensuite, avec une sorte de grand couteau qui ressemble assez à celui des boulangers, il donne à chaque sabot

---

Questionnaire. — 153. — *Qu'est-ce que le sabotier ? Avec quoi, comment fait-il les sabots ? Qu'appelle-t-on galoches ?*

sa forme définitive; enfin, avec des espèces de grandes cuillers, très tranchantes sur les bords, il le creuse en prenant bien des précautions pour que le dessus du sabot ait une épaisseur suffisante.

Quand les sabots sont achevés, il les recouvre d'une couche de noir, et les met en vente.

On fait aussi des chaussures dont la semelle seule est est en bois; le dessus est fait avec du cuir, plus dur que celui des souliers : ce sont des *galoches*.

154. Le menuisier. — Etes-vous passés devant la boutique d'un *menuisier?* Vous avez pu voir ce dernier occupé à scier, à raboter, à clouer des *planches*.

C'est le menuisier (fig. 157) qui fabrique les portes, les fenêtres, les parquets; à cet effet, il emploie des *planches*, c'est-à-dire des pièces de bois, larges de 30 à 50 centimètres et épaisses de trois à quatre; il les divise en planches plus petites, suivant l'usage auquel il les destine.

C'est que le bois, même le bois dur, peut être facilement travaillé, scié, fendu, aminci avec des outils de fer. Les principaux outils du menuisier sont la *scie*, le *rabot*, l'*équerre*, le *ciseau*, le *marteau*, le *vilebrequin*; il exécute presque tous ses travaux sur une sorte de table très lourde qu'on appelle *établi*.

C'est aussi le menuisier qui fabrique les meubles; les

------

154. — *En quoi consiste le travail du menuisier? Quels outils emploie-t-il? Qu'est-ce qu'un ébéniste? Quels bois emploie le menuisier? Qu'est-ce que le placage?*

meubles qui ont besoin d'être faits avec beaucoup de soin sont fabriqués par des menuisiers appelés *ébénistes.*

Le menuisier se sert de tous les bois, mais principalement du chêne, du peuplier, du sapin. L'ébéniste

Fig. 157. — Menuisier.

emploie le noyer, l'acajou, l'ébène, le palissandre : ces trois dernières espèces sont produites par des arbres qu'on rencontre dans les pays chauds.

Ces bois coûtent très cher, aussi n'est-il pas toujours possible de faire des meubles complètement en acajou, en palissandre, par exemple. On se contente souvent d'appliquer sur des meubles en chêne et en bois blanc de minces feuillets de ce bois : c'est ce qu'on appelle faire du *placage.* Le placage est une opération très difficile, qui demande à l'ébéniste beaucoup de soin et d'application.

155. Le charpentier. — Même quand il s'agit d'arbres comme le peuplier, le bouleau, qui sont du bois tendre, le bûcheron exécute un travail fatigant ; il frappe l'arbre à grands coups de hache, afin de pouvoir l'entamer. Quand il abat un chêne, le travail est bien plus pénible encore ; pourquoi ? C'est que le bois est très résistant. Vous savez qu'on casse avec la plus grande difficulté une baguette un peu grosse.

Par conséquent, si on emploie non plus une baguette, mais une très grosse branche, ou encore le tronc de l'arbre lui-même, cette branche, ce tronc pourront supporter des poids plus ou moins considérables. On a utilisé cette qualité du bois pour faire les *poutres* et les *solives* qui servent à soutenir les planchers des maisons et des appartements.

C'est le *charpentier* (fig. 158) qui fait et pose les poutres et les solives ; c'est lui qui construit les *combles*, c'est-à-dire la *charpente* destinée à supporter la toiture ; pour cela, il se sert de pièces de bois qu'il assemble solidement les unes avec les autres, et placées de manière à porter de longues solives inclinées qui supportent les *lattes*, et qu'on appelle des *chevrons*.

Tous les bois peuvent être utilisés par les charpentiers ; mais c'est avec les bois durs, et particulièrement

---

155. — *En quoi consiste le travail du charpentier ? Quels bois emploie-t-il ? De quels outils se sert-il ?*

le chêne, qu'on fait les poutres et les gros ouvrages des combles; les solives et les chevrons sont généralement en bois blanc.

Dans certains pays, où le bois est abondant, par conséquent à proximité des forêts, on construit des maisons en bois; c'est encore le charpentier qui les construit.

Les principaux outils du charpentier sont la *cognée*, sorte de hache à manche court, pour couper le gros bois, la *scie*, la *besaiguë*, le *compas*, la *règle*; ces deux derniers sont indispensables, car le charpentier doit tailler les pièces de bois avec beaucoup de soin, pour pouvoir les assembler ensuite.

Fig. 158. — Charpentier.

156. Le charron et les autres ouvriers qui travaillent le bois. —Beaucoup d'autres ouvriers travaillent encore le bois; citons les principaux.

Le *charron* fait des voitures, tombereaux et charrettes;

---

156. — *Que font le charron et le carrossier ? Quelles sont les diverses parties d'une roue? Quelles sont les principales voitures? Quels bois emploie le charron? Que fait le tonnelier? Avec quoi sont faits les ouvrages de marqueterie?*

le *carrossier* fait des voitures de luxe. Vous savez de quoi se compose une voiture : une sorte de *caisse*, portée par un ou deux *essieux* auxquels sont fixées des *roues* ; la caisse est munie de deux tiges de bois ou *brancards*, entre lesquelles on attelle le cheval.

Le charron s'occupe particulièrement de la fabrication des roues ; que remarque-t-on dans une roue? D'abord, au centre, un gros morceau de bois tourné, et percé au milieu d'un trou dans lequel passe l'essieu : c'est le *moyeu*. Du moyeu partent des barres de bois : ce sont les *rayons* ou rais, qui vont aboutir à une espèce de grand cercle de bois, la *jante*, dans laquelle ils pénètrent assez profondément. La jante est, à son tour, entourée extérieurement d'un cercle de fer qui consolide toute la roue : c'est le forgeron, ou encore le charron lui-même qui a fait rougir le fer et en entoure la jante.

Vous connaissez les principales espèces de voitures : parmi les voitures à deux roues, nous remarquons le cabriolet, le tombereau, la charrette; le chariot, la victoria, le landau, le coupé sont des voitures à quatre roues.

Le charme, le frêne, l'orme sont les bois que le charron emploie le plus fréquemment; le frêne surtout est très élastique : il sert principalement à faire les brancards, les limons qui ont besoin d'être courbés.

Les moyeux des roues, les manches d'outils, les montures des chaises sont faits par le *tourneur* : le morceau de bois, retenu horizontalement entre deux pièces de fer, tourne rapidement pendant que l'ouvrier, avec un ciseau tranchant, enlève de petits copeaux et lui donne ainsi la forme convenable.

Le *tonnelier* fait des tonneaux et des cuves : il assemble différentes planches qui portent le nom de *douves* ; il emploie principalement du bois de châtaignier et de frêne ; avec les jeunes pousses de ces arbres, et avec celles du bouleau, il fait des cercles, pour maintenir les douves. Il fend ces pousses, les amincit, les contourne pour leur donner la forme du cercle et attache les deux extrémités avec de l'osier qui a été préalablement fendu en petites lames.

Les ouvrages de *marqueterie* et de *tabletterie*, tels que les tables à ouvrage, les damiers, les dominos, les jeux d'échecs sont faits avec des bois fins qui peuvent prendre un beau poli, le houx, le buis, qu'on trouve dans nos pays, et surtout des bois qui nous viennent des pays chauds.

Ainsi le bois est employé à de nombreux usages ; pour le travailler, le transformer, il faut des ouvriers habiles et adroits, depuis le bûcheron jusqu'à l'ébéniste, jusqu'au tabletier.

VINGT-QUATRIÈME LEÇON

LES CHAMPS. — LES TRAVAUX DES CHAMPS : LE BLÉ

157. Les champs ; la ferme. — Quand on sort de la ville pour aller faire une promenade à la campagne, on voit des *champs* de chaque côté de la route : ce sont des étendues de terrain plus ou moins grandes. Les uns ne sont que des terres labourées ; dans d'autres on aperçoit des plantes variées ; ici, c'est du blé ou toute autre céréale ; là, c'est un champ de pommes de terre.

A MONTRER. — 1° *Tableaux et images :* Une ferme ; — une charrue ; — un laboureur ; — une herse ; — un rouleau ; — un semoir ; — un semeur ; — scène de la moisson ; — faucille ; — faux ; — moissonneuse ; — fléau ; — van ; — tarare ; — batteuse. — 2° *Objets :* Des grains de blé germés ; — une faucille ; — des grains de blé mélangés avec des balles ; — des balles.

EXPÉRIENCES A FAIRE. — 1° Faire germer des grains de blé dans un verre rempli de mousse humide.

2° Prendre plusieurs épis de blé ; les égrener entre les mains ; montrer ce qui reste de l'épi, puis ce qui devra être vanné.

3° Placer grains et balles dans une assiette plate ; secouer cette dernière de façon que, soufflant sur le contenu, les balles s'envolent.

Mais pour bien se rendre compte de ce qu'est la culture des champs, il faut aller dans une *ferme*.

Une *ferme*, c'est un ensemble de bâtiments situés au milieu des champs. Elle est généralement très vaste. Il faut une habitation pour le fermier et sa famille, des écuries pour les chevaux, des étables pour les vaches, une bergerie pour les moutons, une grange pour rentrer les récoltes, un hangar pour abriter les instruments de culture, une grande cour, la *basse-cour*, où les poules, les canards, les oies peuvent aller et venir tout à leur aise.

De tous les travaux de la ferme, les plus importants ont pour but la culture des *céréales*, et particulièrement celle du *blé*. On donne le nom de céréales à des plantes dont les grains, ou la farine qu'on en tire, servent à la nourriture de l'homme et des animaux.

158. Les travaux des champs ; la charrue : les labours. — Le blé ne pousse pas tout seul, dans les champs, comme l'herbe dans les chemins ; il ne suffit pas non plus de jeter des grains de blé sur la terre, pour pouvoir récolter quelques mois plus tard. Les paysans sont obligés de se livrer à de nombreux travaux.

Tout d'abord il faut qu'ils remuent la terre avant d'y mettre des grains de blé ; en automne, ils la *labourent,*

---

pour détruire les mauvaises herbes et enterrer le fumier ; pour labourer on se sert d'une *charrue.*

Comment est faite une *charrue?* Voici d'abord une pièce de bois qui supporte toutes les autres parties de la charrue : c'est l'*âge ;* en avant se trouve un crochet auquel le cultivateur attellera ses chevaux ou ses bœufs ; en arrière sont des manches, qu'on appelle des *mancherons,* et qu'il tiendra dans les mains pour diriger la charrue. L'âge est placé sur deux roues, ce qui rendra le travail moins pénible ; les deux roues forment l'*avant-train.*

Mais voici la pièce la plus importante ; c'est un morceau d'acier bien poli, qui entre dans la terre, l'entame et en enlève une bande : on l'appelle le *soc.* La bande de terre, soulevée par le soc, est rejetée sur le côté, par une autre pièce, en bois ou en fer, et qu'on nomme le *versoir.* En avant du soc, attaché à l'âge, se trouve le *coutre,* espèce de couteau qui fend le sol et détache ainsi la bande de terre qui sera soulevée par le soc et retournée par le versoir.

Le cultivateur arrive dans le champ qu'il veut labourer ; il place la charrue à l'une des extrémités ; il appuie sur les mancherons et excite ses chevaux ; ceux-ci tirent de toutes leurs forces ; le soc pénètre dans la terre, la soulève, et le versoir la retourne. On dit que le laboureur creuse un *sillon.* Arrivé à l'autre bout du champ, il tourne sa charrue et creuse un nouveau sillon à côté du premier. Il continue ainsi jusqu'à ce que tout le champ soit labouré (fig. 159).

Vous vous demandez pourquoi il faut labourer la

terre. Non seulement le labour détruit les mauvaises herbes, mais il enterre le fumier, remue la terre, la rend moins dure, l'ameublit, et permet à l'air d'y pénétrer.

Fig. 159. — Paysan en train de labourer. — Au coin, à gauche et en bas, une herse.

C'est généralement à l'automne que le cultivateur laboure ses champs pour y semer du blé ; on laboure aussi au printemps.

159. La herse ; le rouleau. — Mais le labour ne suffit pas toujours. Lorsqu'on retourne la terre au moyen de

159. — *Qu'est-ce que la herse? le rouleau? À quoi servent-ils?*

la charrue, il peut encore se trouver de grosses mottes qu'il est bon d'écraser. Pour cette opération, le cultivateur se sert de la *herse* ou du *rouleau*.

La *herse* (fig. 159) est une sorte de grand cadre en bois, garni de pointes de fer. On la place de façon que les pointes ou *dents* s'appuient sur la terre ; on y attelle des chevaux et on la passe sur tout le champ ; les dents pénètrent dans les mottes et les cassent.

Fig. 160. — Rouleau.

Le *rouleau* (fig. 160), dans les campagnes, est souvent une portion d'un tronc d'arbre ; mais actuellement on emploie de préférence des rouleaux en fonte, qui sont plus lourds. On passe le rouleau après que le champ a été labouré ; les mottes sont écrasées.

160. Les semailles. — Le cultivateur peut alors semer son grain. Il porte devant lui, attaché à la ceinture, un sac plein de grains de blé. Il marche dans le champ, d'un pas régulier, et, prenant une poignée de grains, il la lance devant lui ; il en prend ensuite une autre poignée, et il continue ainsi jusqu'à ce qu'il ait fini d'ensemencer son champ : les *semailles* ainsi faites sont dites semailles *à la volée*.

On peut aussi se servir d'un instrument appelé *semoir*. C'est une sorte de caisse dans laquelle on met les grains ; elle est munie de tubes qui déposent la semence sur la terre. Le semoir, traîné par un cheval, a un grand avantage ; il ne dépose dans la terre que la quantité de grains nécessaire.

Pour que ces grains puissent germer et pousser, il faut les recouvrir de terre. Le cultivateur passe encore dans son champ la herse ou le rouleau : les *semailles* sont terminées.

Le grain est en terre ; il germe, et bientôt on voit apparaître une petite herbe verte. Au printemps, les petites tiges grandissent, mais souvent aussi de mauvaises herbes, les *chardons*, par exemple, poussent dans le champ et empêchent le blé de bien se développer. On les arrache : c'est le *sarclage*, qui se fait dans le mois de mai.

---

160. — *Comment le cultivateur s'y prend-il pour semer? Que devient le blé une fois en terre? Qu'est-ce le sarclage?*

161. Récolte du blé : la moisson. — Au mois d'août, le blé est tout à fait mûr; le cultivateur peut alors en faire la récolte : c'est le temps de la *moisson*.

Pour moissonner le blé, on s'est longtemps servi de 'a *faucille* : c'est une sorte de lame recourbée, à l'extrémité d'un petit manche, que le *moissonneur* tient à la main. De la main gauche, il saisit une poignée de blé, et avec la faucille qu'il tient dans la main droite,

Fig. 161. — Scène de la moisson.

il coupe le blé le plus près possible de la terre. Il en

fait de petits tas, nommés *javelles*, qu'il attache ensuite avec des liens de paille : il a alors des *gerbes*.

La moisson faite avec la faucille est un travail très fatigant, qui demande beaucoup de temps. Aussi on se sert le plus souvent d'une *faux* : c'est une grande lame, très tranchante, placée à l'extrémité d'un long manche en bois (fig. 161).

Dans les grandes fermes, là où il y a beaucoup de blé à couper, on se sert de machines appelées *moisson-neuses*, et traînées par des chevaux.

Le blé est lié en gerbes ; il faut maintenant le rentrer à la ferme. Une grande charrette est amenée dans le champ. On l'emplit de gerbes, puis on la ramène à la ferme. Les gerbes sont placées dans la *grange*, ou bien on en fait dans la cour, ou même dans les champs, de gros tas appelés *meules*.

162. Le battage et le vannage. — Il s'agit ensuite de séparer les grains de la paille ; pour cela, il faut *battre* le blé.

Le *battage* se fait au *fléau* ou à la *batteuse*. Le paysan, qui n'a pas une très grande récolte, bat dans la grange au moyen du *fléau* : c'est un long manche en bois ; à l'une des extrémités se trouve un bâton plus gros et plus court, rattaché au manche par des lanières de cuir. Le batteur délie les gerbes, les étend sur le

---

162. — *Qu'est-ce que le battage, le vannage? Parlez du fléau, du van, de la batteuse mécanique, du tarare.*

13.

sol, et, tenant entre ses mains l'autre extrémité du fléau, il frappe sur les épis pour en faire sortir le grain.

Quand le blé est égrené, le batteur relève la paille ; il ramasse ensuite les grains auxquels sont mêlés des débris de paille, ainsi que les enveloppes légères qui les contenaient, les *balles.* Il en emplit une espèce de panier plat en osier : c'est le *van.* Il secoue le van, afin que les balles, la poussière et les débris de toutes sortes soient rejetés ; puis quand le blé est bien propre, il le met dans des sacs ; cette opération s'appelle le *vannage.*

Dans les fermes, où il y a beaucoup de blé à battre, on se sert d'une *batteuse mécanique.* Cette batteuse est mise en mouvement par des chevaux ou à l'aide d'une machine à vapeur ; grâce à son emploi, le battage se fait très vite.

De même, on n'emploie plus beaucoup le van ; on le remplace par un instrument nommé *tarare.* On n'a qu'à tourner une manivelle : le blé, mis dans le tarare, en sort très propre, et on n'a plus qu'à le mettre en sacs.

Dans les batteuses mécaniques, tout le travail se fait en même temps ; le blé battu tombe dans un tarare qui le vanne immédiatement.

Le blé, une fois battu, est porté au *grenier,* jusqu'au jour où on le conduira au moulin.

VINGT-CINQUIÈME LEÇON

UTILITÉ DU BLÉ : FARINE, PAIN. — CÉRÉALES

163. Utilité du blé : le moulin. — Le blé est certainement la plante la plus utile : la farine qu'on en obtient

A MONTRER. — 1° *Tableaux et images :* Extérieur, puis intérieur
d'un moulin à eau ; — moulin à vent ; — fournil ; — boulanger
pétrissant la pâte, — enfournant le pain ; — tige de seigle, —
d'orge, — d'avoine, — de maïs, — de riz. — 2° *Objets :* Grains de
blé entiers, ouverts ; — de la farine ; — du son ; — de la pâte ;
— du levain ; — épis et grains de seigle, — d'orge, — d'avoine,
— de maïs, — de riz ; — orge perlé ; — gruau d'avoine.

EXPÉRIENCES A FAIRE. — 1° Prendre des grains de blé ; les fendre
par le milieu ; montrer la partie blanche qui donnera de la
farine.

2° Prendre des grains de blé qu'on aura mis tremper quelque
temps dans l'eau ; avec la pointe du canif, enlever l'écorce qui
donnera le son.

3° Mettre des grains de blé dans un mortier ; les écraser avec
un pilon ; au moyen d'un tamis très fin, séparer la farine du son.

4° Avec de la farine et de l'eau, faire un peu de pâte, qu'on
pourra faire cuire sur une pelle à main, fortement chauffée au
moyen d'une lampe à alcool.

5° Prendre un peu de levain ; faire constater qu'il est bien
formé de pâte aigrie.

6° Placer sous une loupe ou sous un microscope un peu de
levain ; montrer le gonflement qui se produit.

est la plus nourrissante et la meilleure; il faut donc écraser les grains de blé, puis séparer la farine du son.

Le blé est conduit au *moulin*; là, le *meunier* l'écrasera, le *moudra*. Voici comment il s'y prend pour

Fig. 162. — Moulin à eau. — Dans le lointain, un moulin à vent.

moudre le blé. Deux grosses pierres très dures, deux *meules*, sont placées l'une sur l'autre; celle du dessous est immobile; celle du dessus peut tourner sur la première. Elle est elle-même percée au milieu d'un large

Questionnaire. — 163. — *Comment le meunier s'y prend-il pour moudre le blé? Y a-t-il plusieurs sortes de moulins?*

trou sur lequel est placée une *trémie*, sorte d'entonnoir en bois. C'est dans cette trémie que le meunier verse le blé qui doit être écrasé; la meule supérieure tourne, le grain arrive entre les deux meules; il est broyé, et la farine, mêlée au son, tombe tout autour des meules.

Le moulin est, bien souvent, établi sur le bord d'une rivière (fig. 162). L'eau tombe sur une grosse roue en bois et la fait tourner. C'est cette roue en bois, mise en mouvement par l'eau de la rivière, qui fait tourner la meule de pierre, destinée à écraser le blé.

Dans certains pays, le nord de la France, par exemple, on voit beaucoup de *moulins à vent*. Ce n'est plus l'eau qui donne le mouvement à la meule de pierre, mais le vent qui fait tourner de grandes *ailes*, formées de toiles tendues sur des morceaux de bois.

Ajoutons enfin que, dans bien des pays, on trouve maintenant des *moulins à vapeur*.

164. La farine et le son. — Quand le blé est moulu, la farine se trouve mêlée au *son*; le son n'est autre chose que l'enveloppe du grain de blé; lorsque ce dernier est écrasé, la farine forme une poudre blanche, dans laquelle on remarque des pellicules jaunes : ces pellicules forment le son.

Comment séparer la farine du son? Le meunier se sert d'un *bluloir*, sorte de tamis d'une forme particulière.

164. — *A quoi sert le blutage? Pourquoi faut-il séparer la farine du son?*

C'est une espèce de grand sac dont le tissu laisse passer la farine et retient le son; l'opération s'appelle le *blutage*. La farine qui sort du blutoir est blanche, fine, et donne du pain excellent et facile à digérer. Le son n'est pas perdu : on le donne souvent, sous forme de pâtée, aux animaux de la ferme; on l'emploie surtout pour engraisser les porcs et les volailles.

165. Le boulanger : le pain. — Le meunier écrase le blé pour en retirer la farine; le *boulanger* transforme cette farine en *pain*.

Pour se rendre compte du travail du boulanger, il faut aller dans le *fournil;* c'est une chambre située derrière la boutique où il vend le pain, ou parfois même dans le sous-sol : là, il transforme la farine en *pâte*, et fait cuire cette pâte dans le *four*.

Dans un coin du fournil se trouve une grande caisse en bois, le *pétrin*. Le boulanger verse dans le pétrin une certaine quantité de farine; au milieu de cette farine il fait un trou dans lequel il place un peu de de *levain*, c'est-à-dire de la pâte qu'il a mise de côté quelques jours auparavant, et qui est devenue aigre.

Il ajoute un peu de sel, destiné à donner au pain un goût agréable, puis il verse de l'eau tiède. Il délaie alors le levain, y mêle peu à peu la farine qui est dans le pétrin, et obtient ainsi une *pâte* qu'il *pétrit* longuement (fig. 163). Pour pétrir, il prend entre ses mains

---

165. — *Que fait-on avec la farine? Qu'est-ce que le fournil? le pétrin? le levain? Comment le boulanger pétrit-il la pâte?*

une masse de pâte; il la soulève et la rejette de toutes
ses forces dans le pétrin. Si la pâte n'était pas bien

Fig. 163. — Un fournil. — Au coin, à gauche, un ouvrier pétrissant la pâte. — A droite, un ouvrier en train d'enfourner.

pétrie, le pain qu'on obtiendrait ne serait pas de bonne
qualité.

Pourquoi le boulanger met-il au milieu de la farine

un peu de levain ? La pâte qu'il obtient se met aussitôt à gonfler, à *lever;* il se forme alors des trous en très grande quantité; ces trous, qu'on voit dans le pain, se nomment les *yeux du pain.*

Il est nécessaire que la pâte lève, avant d'être cuite au four; sans cela on n'obtiendrait qu'un pain plat, sans trous, qui serait digéré très difficilement.

166. La cuisson du pain. — Quand la pâte est bien pétrie, le boulanger en prend une certaine quantité, la pèse dans une balance, puis la dispose dans une corbeille en osier, dont le fond est garni de toile. Il continue de la même façon jusqu'à ce que toute la pâte qui est dans le pétrin soit employée.

Comme il fait très chaud dans le fournil, la pâte continue à lever, et bientôt le boulanger pourra la faire cuire.

Pendant qu'elle lève, il chauffe le four; il emploie pour cela des fagots de bois tendre, mais bien sec. Quand le bois est entièrement brûlé, il retire la *braise,* enlève rapidement les cendres au moyen d'une brosse placée au bout d'un long manche; puis il *enfourne* le pain (fig. 163).

Sur une pelle en bois très large, munie d'un long manche, il renverse la pâte contenue dans une corbeille; il l'enfonce dans le four, puis retire vivement la pelle. Quand toute la pâte est enfournée, il ferme le four et laisse cuire le pain. Au bout d'un temps plus ou

166. — *Comment le boulanger fait-il cuire le pain ?*

moins long, qui varie suivant la grosseur des pains, il ouvre le four, et le retire complètement cuit.

La chaleur du four a transformé la pâte en pain; le dessus du pain a été desséché : c'est la *croûte*, dorée et appétissante; le dedans est resté tendre : c'est la mie, dans laquelle se trouvent les trous dont nous avons déjà parlé.

167. Les céréales. — A la ferme, on cultive non seulement le blé, mais encore les *céréales* : ce sont, avons-nous dit, des plantes dont les grains, ou la farine qu'on en retire, servent à la nourriture de l'homme et des animaux : le *seigle*, l'*orge*, l'*avoine*, le *maïs*, le *riz* sont, avec le blé, les principales céréales.

Le *seigle* (fig. 164) se sème à l'automne; il a le grand avantage de pousser facilement dans des terrains peu fertiles où le blé ne donnerait qu'une récolte peu abondante. On utilise sa farine pour fabriquer du pain; mais le pain de seigle est moins nourrissant que le pain de blé; il est cependant assez savoureux et se conserve frais pendant quelques jours. Le plus souvent, on utilise un mélange de farine de seigle et de farine de blé. Mêlée au miel ou même à la mélasse, la farine de seigle est employée pour faire le pain d'épice. La paille sert à faire des liens.

L'*orge* (fig. 165) donne une farine de qualité infé-

---

167. — *Qu'appelle-t-on céréales? Qu'est-ce que le seigle? l'orge? l'avoine? Quels sont leurs usages? Qu'est-ce que le maïs? A quoi sert-il? Où trouve-t-on le riz? A quoi sert-il?*

rieure, dont on ne fait que rarement du pain ; la pâte ne lève pas facilement, et le pain obtenu est d'une digestion très difficile. Mais lorsque les grains ont été dépouillés de leur écorce, on en fait de l'*orge perlé*, de l'*orge mondé*, qu'on utilise pour confectionner des soupes ou des bouillies.

Les grains d'orge sont surtout employés pour la

Fig. 164. — Seigle.   Fig. 165. — Orge.

nourriture des volailles. On en fait un grand usage dans la fabrication de la bière.

L'*avoine* (fig. 166) n'est guère cultivée que pour la nourriture des chevaux ; dans quelques pays du Nord, on en fait un pain lourd et peu nourrissant ; le plus souvent on la mange sous forme de bouillie. On en fait aussi du *gruau* : c'est de l'avoine qu'on a dépouillée de son écorce et concassée, et qui sert à préparer des potages excellents.

Le *maïs* (fig. 167), appelé vulgairement *blé de Tur-*

quie, est originaire de l'Amérique. En France, il ne mûrit guère que dans le Midi ; dans les autres régions il est employé comme fourrage vert. Il fournit des grains très propres à nourrir et à engraisser les animaux, particulièrement les volailles. La farine de maïs a un goût agréable, mais la pâte qu'on en obtient ne lève pas, et donnerait un pain désagréable à manger et difficile à

Fig. 166. — Avoine.

Fig. 167. — Épi de maïs.

digérer. On la consomme sous forme de *gaudes*, c'est-à-dire de bouillie épaisse ; on en fait aussi des potages très nourrissants ; enfin, mêlée à celle du blé ou du seigle, elle sert à préparer une espèce de pain de ménage.

Le *riz* est, avec le blé, la plus importante des céréales. Il est la base de l'alimentation de la plupart des peuples qui habitent les régions chaudes de l'ancien et du nouveau continent. Mais la farine qu'on en obtient ne peut servir à faire du pain ; aussi, on utilise seulement les grains que l'on fait cuire de différentes manières : on en fait des potages et des gâteaux recherchés.

Pour que le riz vienne bien et donne de bons produits, il lui faut une température élevée, un climat humide, de l'eau en abondance ; on le cultive surtout dans les endroits marécageux ; les champs de riz portent le nom de *rizières*. En Europe, le riz est cultivé dans toute l'Italie et le midi de la France. Avec sa paille, on fait des balais, des chapeaux.

VINGT-SIXIÈME LEÇON

LA VIGNE. — LA BETTERAVE

168. La vigne et le vigneron. — Le *vin*, que beaucoup de gens boivent pur ou mélangé avec de l'eau, est produit par le *raisin*; le raisin est le fruit de la *vigne*.

La *vigne* est une plante grimpante qu'on cultive un peu partout. En France, il n'y a guère que la région du Nord où l'on ne trouve pas de vigne. Chaque pied de vigne s'appelle *cep*. Dans les champs, les ceps sont plantés en lignes ; élevés contre un mur ou un treillage, on les appelle *treilles*.

A MONTRER. — 1° *Tableaux et images :* Un pied de vigne ; — pieds de vigne malades ; — phylloxéra ; — scène de vendange ; — vigneron foulant le raisin dans une cuve ; — un pressoir ; — betterave ; — arrachage des betteraves ; — un silo. — 2° *Objets :* raisin (frais ou conservé) ; — une serpette ; — de la lie séchée ; — du marc séché ; — de la cassonade ; — du sucre cristallisé ; — graines de betterave.

EXPÉRIENCES A FAIRE. — 1° Si possible, se procurer des raisins ; les écraser ; laisser fermenter ; montrer que le vin n'est pas sucré, comme l'était le jus du raisin.

2° Extraire du jus d'une betterave ; le mettre dans une casserole sur le feu ; faire chauffer jusqu'à ce que le sucre seul reste au fond.

C'est le *vigneron* qui cultive la vigne ; toute l'année, il lui donne des soins, la travaille avec ardeur. La vigne rampe par terre ; il faut la redresser pour que les raisins poussent bien et puissent mûrir. A côté de chaque cep, le vigneron plante un morceau de bois, un *échalas*, auquel il attache les branches du cep ou *sarments*.

Au printemps, il *taille* la vigne ; s'il ne la taillait pas, les raisins qu'elle produirait seraient tout petits et ne donneraient pas beaucoup de jus. De temps en temps, il remue la terre tout autour des ceps, afin d'enlever les mauvaises herbes, et surtout afin de permettre à l'air d'y pénétrer.

169. Les maladies de la vigne. — Le vigneron n'a pas toujours de belles récoltes qui le récompensent de ses travaux. Au printemps, les gelées détruisent les bourgeons ; en été, la grêle casse les branches de la vigne.

Mais ce sont surtout les maladies et les insectes qui font le plus de mal à la vigne. Des champignons tout petits, souvent invisibles à l'œil nu, attaquent les feuilles et même les raisins.

Depuis quelques années, un ennemi terrible a causé des dégâts considérables dans les vignobles de notre pays ; c'est un insecte extrêmement petit, une sorte de puceron, le *phylloxéra*. Heureusement on est parvenu,

---

Questionnaire. — **168.** — *Qu'est-ce que le vin ? le raisin ? la vigne ? Quels sont les principaux travaux du vigneron ?*

169. — *Quelles sont les principales maladies de la vigne ? Qu'est-ce que le phylloxéra ?*

sinon à le détruire, du moins à l'empêcher de nuire à
la vigne.

170. La vendange. — Quand le raisin est mûr, on le
récolte : c'est la *vendange* (fig. 168). La vendange se

Fig. 168. — La vendange.

fait généralement, en France, au mois de septembre et
au mois d'octobre.

De bon matin, les *vendangeurs* se rendent dans les
vignes ; ils coupent les raisins avec une *serpette*, et les
mettent dans des paniers. Quand les paniers sont pleins,

170. — *Qu'est-ce que la vendange, et comment la fait-on ?*

ils les vident dans des hottes que des hommes portent sur leur dos. Ces hommes vont vider les raisins dans des tonneaux ou des *cuviers* placés sur des voitures, au bord de la vigne. Quand les cuviers sont pleins ou que la vigne est vendangée, on conduit les raisins au village, où l'on fera le vin.

171. Le vin. — Les raisins sont retirés des tonneaux ou des cuviers, puis mis dans de grandes *cuves*. Des hommes, nu-pieds, montent dans les cuves et écrasent les raisins, les *foulent* en marchant dessus. Dans beaucoup de pays, on écrase les raisins, avant de les mettre dans la cuve, au moyen d'un instrument nommé *fouloir*.

Le jus du raisin ne tarde pas à *fermenter*. Les vignerons disent que le vin *bout*. De grosses bulles montent à la surface de la cuve en soulevant les raisins. On est obligé d'enfoncer ces derniers dans le jus, de les fouler encore plusieurs fois. Au bout de quelques jours, le vin cesse de bouillir. Pendant tout le temps que dure la fermentation, il est très dangereux d'aller près des cuves : on ne peut pas respirer les gaz qui en sortent, et on risque d'être asphyxié.

Que se produit-il dans la cuve pendant la fermentation. Le sucre du jus des raisins fermente ; il se transforme en *alcool ;* au bout de quelques jours, ce jus ne

---

171. — *Comment fabrique-t-on le vin? Que se produit-il pendant la fermentation du jus de raisin? Que fait-on du marc de raisin? Qu'est-ce que la lie?*

bout plus ; il a perdu son goût sucré ; on dit qu'il est *fort* : c'est du vin.

On tire alors le vin au moyen d'un robinet ou *cannelle*, placé au bas de la cuve. On le met dans des tonneaux ; pendant quelques semaines, il continue à fermenter, mais beaucoup moins fort que dans la cuve ; puis la fermentation s'arrête.

Alors toutes les impuretés du vin tombent au fond du tonneau : c'est la *lie* ; le vin devient clair ; on le soutire, et on le met dans d'autres tonneaux.

Lorsque le vin a été retiré de la cuve, il est resté ce qu'on appelle le *marc de raisin*. Ce marc contient encore un peu de vin. On le conduit au *pressoir* ; là on le presse fortement ; le jus s'écoule ; on le recueille et on le met dans des tonneaux ; le vin ainsi obtenu est de qualité inférieure.

172. La betterave. — Il existe, dans nos pays, une plante dont la racine est pleine de jus sucré : c'est la *betterave*. Vous connaissez bien la betterave, c'est une racine longue et grosse ; on en met quelquefois dans la salade : elle est alors très rouge.

Il existe plusieurs variétés de betteraves ; la betterave rouge, dont nous venons de parler, est un légume que l'on cultive dans les jardins. Une autre espèce, connue sous le nom de *betterave champêtre* ou *betterave four-*

---

172. — *Qu'est-ce que la betterave ? Comment la cultive-t-on ? Qu'en fait-on ? Qu'est-ce qu'une sucrerie ? la cassonade ? Qu'est-ce que raffiner le sucre ? Comment retire-t-on de l'alcool du jus de la betterave ?*

ragère, est employée pour nourrir les bestiaux, pendant l'hiver.

On cultive une espèce de betterave, très riche en jus sucré, pour en retirer du sucre ou de l'alcool ; on la trouve surtout dans le nord de la France. On la sème au printemps, dans des terres fertiles, bien labourées, bien préparées. Pendant toute l'année, on fait des *binages*, destinés à rendre la terre très meuble, et à la débarrasser des mauvaises herbes.

On récolte les betteraves au mois d'octobre (fig. 169); on les conduit à l'usine, nommée la *sucrerie;* là, on les lave, afin d'enlever la terre qui est autour; puis

Fig. 169. — Arrachage des betteraves.

on les coupe en morceaux très fins, on les *rape;* on obtient ainsi une *pulpe* que l'on place dans des sacs, et que l'on presse très fortement pour en faire sortir le jus.

On chauffe le jus obtenu ; au bout d'un certain temps, le sucre se solidifie sous forme de petits grains : c'est le sucre *brut* ou *cassonade*. La cassonade n'est pas du sucre pur. Il faut la *raffiner* : pour cela, on la fait fondre dans de l'eau, puis on passe le sirop obtenu sur une sorte de poudre noire, le *noir animal*, obtenu en faisant brûler des os. Le sucre était jaune, il devient blanc ; on le verse dans des moules qui ont la forme de *pains de sucre ;* il devient solide, et on n'a plus qu'à le casser en morceaux.

La betterave sert aussi à fabriquer de l'alcool. On laisse fermenter le jus qu'on en retire ; le sucre qu'il

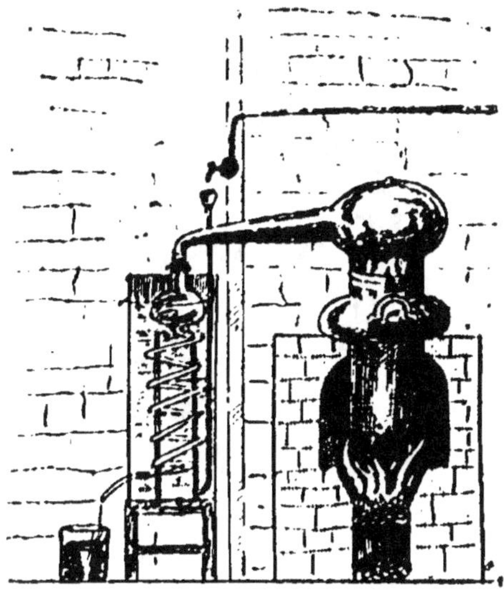
Fig. 170. — Alambic.

contient se transforme alors en alcool ; on le distille ensuite dans de grands *alambics* (fig. 170), et on obtient de l'alcool qu'on purifie grâce à divers procédés.

173. Le silo. — Les résidus des betteraves, après qu'elles ont été râpées et écrasées pour en extraire le jus, les *pulpes,* sont souvent utilisés pour la nourriture

173. — *Comment peut-on conserver les résidus de betteraves, les betteraves elles-mêmes? Faites la description d'un silo.*

des vaches ; on les conserve tout l'hiver dans des *silos*,
d'où on les retire, selon les besoins, par quantités plus
ou moins grandes.

Un *silo* (fig. 171) est une grande fosse, creusée dans
la terre, et dans laquelle on place les pulpes de la betterave au sortir de la sucrerie ; quand la fosse est pleine,
on la recouvre de paille, puis de terre, à laquelle on

Fig. 171. — Silo.

donne la forme d'un toit incliné et que l'on tasse fortement ; de chaque côté, on établit des rigoles, qui
permettent à l'eau de s'écouler.

Dans les *silos,* on conserve également les betteraves
fourragères, les pommes de terre, et aussi les four-
rages.

174. La betterave fourragère ; les porte-graines. —

174. — *A quoi sert la betterave fourragère ? — Qu'appelle-t-on
porte-graines ?*

La *betterave fourragère* se cultive de la même manière que la betterave à sucre. On la donne à manger aux animaux de la ferme après qu'elle a été coupée en menus morceaux ; on l'utilise soit seule, soit en la mélangeant avec du son ou de la paille hachée, ou encore avec de la farine d'orge, d'avoine, de maïs ; on peut également la faire cuire avec des pommes de terre.

Lorsqu'on fait la récolte des betteraves, on en laisse généralement en terre quelques-unes, choisies parmi les plus belles. Au printemps suivant, elles poussent de nouvelles feuilles, donnent une tige élancée, sur laquelle on voit plus tard apparaître des fleurs, puis des graines. Ces graines, que l'on récolte, seront semées au printemps suivant pour produire de nouvelles betteraves.

Les betteraves qu'on laisse ainsi en terre pour obtenir des graines se nomment des *porte-graines*.

VINGT-SEPTIÈME LEÇON

LES PRAIRIES. — LE FOIN

175. Les plantes fourragères. — Les animaux de la
ferme, les *bestiaux*, ne mangent pas seulement de
l'orge, de l'avoine, du maïs, des betteraves crues ou
cuites, des pulpes venant des sucreries, de la paille
hachée ; on les nourrit encore avec du *fourrage*, c'est-
à-dire des herbes ou des plantes que l'on a fait sécher
pour les mieux conserver.

Vous avez certainement vu du *foin*, que l'on donne
à manger aux chevaux, aux bœufs et aux vaches ; vous
connaissez aussi la *luzerne*, le *trèfle*, le *sainfoin*.
Toutes les plantes qui servent ainsi à la nourriture des
bestiaux portent le nom de *plantes fourragères*.

A MONTRER. — 1º *Tableaux et images :* Principales plantes des
prairies naturelles ; — fenaison et récolte du foin ; — tige et fleurs
de luzerne, — de trèfle, — de sainfoin. — 2º *Objets :* Du fromental ; — du ray-grass ; — de la houque laineuse ; — de la
fétuque des prés ; — du vulpin, etc. ; — luzerne ; — trèfle commun,
— trèfle incarnat ; — sainfoin.

Questionnaire. — 175. — *Qu'appelle-t-on plantes fourragères? Quelles sont les principales?*

176. La prairie. — Savez-vous ce que c'est que le *foin ?* Si vous en examinez une poignée, vous verrez qu'il est formé d'herbes séchées, assez semblables au blé et à l'avoine, mais beaucoup moins longues. Où trouve-t-on ces herbes ? Sur les chemins, dans les champs ? Sans doute on y voit de l'herbe que les vaches et les moutons broutent volontiers ; mais les herbes qui produisent le foin poussent en grande abondance dans des étendues de terrain qu'on nomme des *prairies*, et souvent des *prés*.

Avez-vous déjà vu une *prairie* au printemps, lorsque l'herbe commence à pousser ? On dirait un grand tapis vert ; plus tard, des fleurs de toutes sortes lui donnent un aspect riant. Ainsi une *prairie* est une terre couverte d'herbes qui peuvent servir à la nourriture des animaux domestiques. On distingue deux sortes de prairies, les *prairies naturelles* et les *prairies artificielles*.

177. Les prairies naturelles. — Les *prairies naturelles* sont celles qui produisent le foin. Les plantes qui y poussent sont de plusieurs sortes ; elles mûrissent avant d'être coupées, leurs graines tombent sur la terre et donnent naissance à de nouvelles plantes. De cette façon, une prairie, une fois établie, se reproduit d'elle-même ; c'est pourquoi on l'appelle *prairie naturelle*.

---

176. — *Qu'est-ce qu'une prairie ? Combien distingue-t-on de sortes de prairies ?*

177. — *Qu'est-ce qu'une prairie naturelle ? Quelles sont les plantes qui y poussent ?*

Avez-vous déjà remarqué, au cours d'une promenade,
comment est l'herbe qui pousse sur les coteaux ? elle

Fig. 172. — Fétuque des prés.

Fig. 173. — Vulpin.

est courte, et souvent jaune ; comme elle n'est arrosée
que par la pluie, elle se dessèche facilement. Au con-

Fig. 174. — Pâturin.

Fig. 175. — Fléole.

traire dans les prairies, dans les prés, situés généralement dans les vallées, non loin des ruisseaux, l'herbe

est haute, très serrée, et bien verte ; elle produit du foin en abondance.

Quelles sont les plantes que l'on rencontre dans les prairies naturelles ? Il ne nous est pas possible de les citer toutes ; contentons-nous des principales.

La plupart sont des *graminées*, c'est-à-dire des plantes analogues aux céréales, dont les fruits sont rassemblés en épis plus ou moins serrés ; voici le *fromental*, qu'on appelle encore *avoine élevée*, le *ray-grass :* on les rencontre surtout dans les endroits secs, et le foin qu'ils donnent est dur, de qualité inférieure ; la *houque laineuse*, la *fétuque des prés* (fig. 172), le *vulpin* (fig. 173), le *pâturin* (fig. 174), la *fléole* (fig. 175), donnent un foin excellent, auquel la *flouve odorante* ajoute un parfum agréable.

178. Comment on établit une prairie naturelle. — Il arrive parfois qu'une prairie naturelle se crée toute seule, dans des terrains non cultivés ; les différentes herbes qui y poussent se reproduisent chaque année et finissent par recouvrir tout le sol. Mais le plus souvent, il faut *établir une prairie ;* pour cela, on commence par choisir un terrain, dans une vallée si c'est possible, à proximité d'un ruisseau ou d'un cours d'eau ; on le laboure plusieurs fois, on le débarrasse de toutes les mauvaises herbes qui s'y trouvent, on lui donne une bonne fumure, puis on y sème des graines de graminées, choisies parmi les meilleures. On y

---

178. — *Comment établit-on une prairie naturelle ?*

ajoute souvent des graines de trèfle et d'une autre plante fourragère, la *minette*.

Il importe de ne pas prendre des graines dans les greniers à foin. Elles pourraient donner naissance à des plantes, comme le *plantain* ou la *renoncule*, qui ne fournissent pas de bon foin, ou même qui sont nuisibles ; les prairies ainsi obtenues seraient mal composées et ne donneraient que des produits médiocres.

Il arrive parfois qu'une prairie ne dure que cinq ou six ans ; on l'appelle alors *prairie temporaire*. Elle peut durer indéfiniment : dans ce cas, c'est une *prairie persistante*, qu'on désigne généralement sous le nom de *pré*.

179. Le foin. — Lorsque la prairie est établie dans un terrain médiocre ou trop sec, on n'obtient qu'une herbe rare, trop courte pour pouvoir être fauchée ; c'est alors un *pâturage* ; les animaux de la ferme y viennent brouter l'herbe sur place.

Si la prairie est bien arrosée, l'herbe est haute et drue ; on peut alors la couper une première fois ; lorsqu'elle est séchée, elle produit le *foin* ; elle repousse alors, et à la fin de l'été on peut la couper une seconde fois ; on a alors du *regain* ; parfois aussi on se contente de faire pâturer par les bestiaux l'herbe qui a repoussé.

A quel moment coupe-t-on les herbes de la prairie ? Lorsqu'elles sont bien hautes et presque toutes fleu-

---

179. — *Qu'est-ce qu'un pâturage? Qu'est-ce que la fauchaison? Comment se fait la fenaison?*

ries : dans la plus grande partie de la France cette opération se fait au mois de juin ; on l'appelle la *fauchaison*.

On se sert d'une *faux* : l'herbe coupée forme sur le

Fig. 176. — La fenaison.

sol une longue ligne, nommée *andain*. On ne peut la
rentrer immédiatement, car elle ne tarderait pas à pourrir ; il faut la laisser sécher.

Pendant deux ou trois jours, on la retourne avec des
fourches de bois ; cette opération se nomme le *fanage*.
Le soir, on ramasse l'herbe avec des *fourches* et des

râteaux, et on en fait de petites *meules,* que l'on défait le lendemain pour les exposer de nouveau au soleil.

Quand le foin est bien sec, on le charge sur des charrettes, et on le rentre à la ferme : la partie de la grange où on l'entasse se nomme *grenier à foin* ou *fenil.*

Dans les grandes fermes, où il y a de grandes prairies, on se sert pour couper l'herbe d'une *faucheuse mécanique;* on la retourne et on la ramasse avec une *faneuse* et une *râteleuse :* tous ces instruments sont mis en mouvement par des chevaux.

L'ensemble des opérations que l'on fait subir à l'herbe des prairies pour la transformer en foin s'appelle la *fenaison* (fig. 176).

180. Les prairies artificielles. — La *luzerne,* le *trèfle,* le *sainfoin,* que l'on cultive pour la nourriture des bestiaux, constituent aussi des prairies; mais pour distinguer ces dernières des prairies naturelles, on les nomme des *prairies artificielles.*

Dans une prairie artificielle, il ne pousse qu'une seule espèce d'herbe, de la *luzerne,* par exemple. Une prairie de *trèfle,* de *sainfoin,* ne fournit sa récolte que pendant une année; après la récolte, on laboure la terre et on y cultive une autre plante; au contraire, une prairie de *luzerne* dure plusieurs années; la

---

180. — *Qu'appelle-t-on prairies artificielles? Quelles sont les plantes qui les composent? Parlez de la luzerne, du trèfle, du sainfoin. Quelles précautions faut-il prendre lorsqu'on fane les plantes des prairies artificielles?*

luzerne, après qu'elle a été coupée, repousse rapidement, et on peut avoir, dans la même année, plusieurs récoltes, plusieurs *coupes* d'un fourrage excellent.

La *luzerne* (fig. 177) est une plante fourragère des plus précieuses pour l'alimentation des bestiaux ; elle a des feuilles nombreuses, des fleurs violacées ; son fruit est une *gousse* enroulée en deux ou trois tours ;

Fig. 177. — Luzerne.

Fig. 178. — Sainfoin.

elle peut, si elle est bien soignée, rester dix ou douze ans dans le même terrain.

On distingue plusieurs espèces de *trèfles :* le trèfle *blanc*, qui pousse dans les prés, le trèfle *violet* ou *commun* et le trèfle *incarnat ;* les feuilles de trèfle sont réunies par trois ; les fleurs de trèfle commun sont rosées, et forment une sorte de petite boule, ressemblant assez à une fraise ; celles du trèfle incarnat sont d'un rouge vif, moins arrondies et plus allongées que celles du trèfle commun.

Les diverses espèces de trèfle donnent un excellent fourrage.

Le *sainfoin* (fig. 178) a la tige garnie de petites feuilles disposées comme les barbes d'une plume. Il donne un foin de très bonne qualité, ainsi que son nom l'indique, du reste, un *foin sain*.

On fait souvent consommer en vert les plantes fourragères des prairies artificielles. Mais lorsqu'on veut les convertir en foin, il importe de prendre quelques précautions. On ne les fane pas comme celles des prairies naturelles ; on se contente, lorsqu'elles ont été coupées, de retourner deux ou trois fois les andains ; dans ces plantes, les parties les plus nutritives sont les feuilles ; si on les secouait trop fort, les feuilles se détacheraient facilement, et il ne resterait plus que les tiges qui formeraient un fourrage de moins bonne qualité.

VINGT-HUITIÈME LEÇON

LES PLANTES DES CHAMPS

181. Les plantes des champs. — Il existe un très grand nombre d'espèces de plantes ; on les a classées, comme les animaux, en différents groupes qui se distinguent généralement les uns des autres par la constitution de leurs fleurs. Nous ne pouvons songer à étudier ces divers groupes ; nous nous contenterons de ranger les plantes qui poussent dans les champs en cinq catégories : les *plantes alimentaires*, les *bois*, les

A MONTRER. — 1° *Tableaux et images :* Pied de lin en fleurs ; — pied de chanvre ; — broyage du chanvre ; — pied de tabac ; — houblonnière ; — pied de houblon avec ses fruits ; — branche d'olivier chargée de fruits ; — pied de pavot, — de colza ; — coquelicot ; — gui ; — colchique ; — ciguë ; — belladone. — 2° *Objets :* Tige de lin, — de chanvre ; — graine de lin ; — chènevis ; — filasse ; — du tabac à fumer, à priser ; — du houblon ; — des olives ; — des noix ; — une tête de pavot ; — des grains de colza.

EXPÉRIENCES A FAIRE. — 1° Prendre quelques tiges de chanvre ; les laisser quelques jours dans l'eau ; les faire sécher ; les broyer ; montrer la filasse.

2° Montrer que la noix renferme de l'huile ; écraser et frotter l'amande sur une feuille de papier blanc : il devient transparent.

plantes industrielles, les *plantes médicinales* et les *plantes nuisibles*.

Les *plantes alimentaires* sont celles qui servent particulièrement à notre nourriture ou à celle des animaux domestiques. En premier lieu viennent des plantes dont nous avons déjà parlé : les *céréales*, blé, orge, seigle, avoine, maïs ; la *betterave* qui nous donne ses *racines* ; les *plantes fourragères*, luzerne, trèfle, sainfoin, ainsi que les herbes des prairies qui donnent le foin. Puis viennent des plantes dont on mange les graines, les feuilles ou les racines, et qu'on désigne sous le nom général de *légumes* ; nous les étudierons plus tard, ainsi que celles qui produisent des fruits utilisés dans notre alimentation.

Quant aux *bois*, nous en avons longuement parlé dans nos précédentes leçons.

Parmi les *plantes industrielles* il en est deux catégories qui méritent d'attirer notre attention : ce sont les *plantes textiles* et les *plantes oléagineuses*.

182. Les plantes textiles : le lin, le chanvre. — Certaines plantes ont une tige formée à l'intérieur de longs filaments très fins, très résistants et très souples, soudés entre eux par une espèce de gomme ; avec ces filaments, on fait des fils que l'on peut ensuite *tisser*, c'est-à-dire transformer en étoffes, en *tissus*. Les plantes

---

qui fournissent ces filaments sont appelées *plantes tex-tiles ;* les principales sont le *lin* et le *chanvre.*

La plupart d'entre vous n'ont probablement jamais vu du *lin ;* mais vous avez certainement entendu parler de la *graine de lin,* employée en médecine, et de la *farine de lin,* avec laquelle on fait des cataplasmes.

Le *lin* (fig. 179) est une petite plante que l'on cultive beaucoup dans le nord de la France ; elle n'a guère que 50 à 60 centimètres de hauteur : elle n'a pas beaucoup de feuilles, mais en re-vanche, elle a beaucoup de petites fleurs d'un bleu tendre, qui donnent à un champ de lin l'aspect d'une nappe d'eau d'un beau bleu.

C'est la tige de lin qui est le plus utile ; mais la graine est employée en

Fig. 179. — Lin.

médecine ; on en extrait aussi une huile dont on se sert pour la peinture.

Quant au *chanvre,* vous ne le connaissez peut-être pas mieux que le lin ; mais vous pouvez voir tous les jours de la graine de chanvre, du *chènevis,* que l'on donne à manger aux petits oiseaux en cage.

Le *chanvre* est une plante plus grande, plus robuste que le lin ; il peut atteindre jusqu'à deux mètres de hauteur. Lorsqu'on écrase entre les doigts une feuille de chanvre, elle répand une odeur désagréable.

La tige du chanvre, comme celle du lin, est très utile ; le chènevis est utilisé pour la nourriture des volailles ;

on en retire aussi une huile que l'on emploie dans l'éclairage et la peinture.

183. Opérations qu'on fait subir aux tiges du lin et du chanvre. — Quand le lin, le chanvre sont mûrs, on

Fig. 180. — Rouissage et broyage du chanvre.

les arrache brin à brin, afin de ne pas briser les tiges. On en fait de petits tas qu'on laisse sécher sur le sol; quand les tiges sont sèches, on les bat pour en faire sortir les graines; pour ne pas les endommager, on les prend par petites poignées, que l'on fait passer dans des espèces de poignes en fer.

183. — *Comment fait-on la récolte du lin, du chanvre? Qu'est-ce que le rouissage, le teillage? Comment fait-on ces deux opérations?*

On procède ensuite à une opération qu'on appelle le *rouissage* (fig. 180), et qui a pour but de ramollir, puis de détruire la gomme qui réunit les filaments de la tige. Voici comment on opère : les tiges sont liées en bottes, puis placées dans l'eau d'une mare ou d'un ruisseau. Au bout de quelques jours, la gomme est ramollie; elle commence même à pourrir. On retire alors les bottes, et on les fait de nouveau sécher.

Puis on écrase les tiges, on les *broie* (fig. 180); les parties dures se détachent et tombent; il ne reste plus que la *filasse*; on fait passer cette filasse entre les dents d'une sorte de peigne assez semblable à celui dont on s'est servi pour séparer les graines des tiges.

Cette opération, qu'on nomme le *teillage*, débarrasse la filasse de toutes les parties dures qu'elle pourrait encore contenir. La filasse est ensuite transformée en fil, et

Fig. 181. — Tabac.

le fil en tissu. Celle du chanvre est également employée à faire des *ficelles* et des *cordes*.

184. Le tabac; le houblon. — Parmi les plantes industrielles, il en existe encore deux, que nous ne pouvons nous dispenser de citer : le *tabac* et le *houblon*.

Le *tabac* (fig. 181) est malheureusement connu de

184. — *Qu'est-ce que le tabac? Qu'en fait-on? Qu'est-ce que le houblon? A quoi sert-il?*

bien des gens; c'est une plante vénéneuse, et cependant on voit tous les jours des personnes qui fument ou qui prisent.

Il a environ deux mètres de hauteur; les fleurs, qui ont la forme d'un tube, sont longues et de couleur rose;

Fig. 182. — Une houblonnière. — A droite, branche de houblon, avec feuille et fruits. — Au milieu, tas de perches.

les feuilles sont très larges, ce sont elles que l'industrie utilise.

Le tabac est cultivé partout; mais en France, sa culture, en vue de la vente des feuilles, n'est autorisée que dans un certain nombre de départements. Au mois de septembre, on coupe les pieds de tabac, on les laisse sécher, et l'État achète les feuilles qu'il transforme, dans ses manufactures, en *tabac à priser*, *tabac à fumer* ou en *cigares*.

Le *houblon* est une plante grimpante ; dans les champs où on le cultive, et qu'on appelle des *houblonnières* (fig. 182), on plante de longues perches autour desquelles les tiges de houblon viennent s'enrouler.

Le houblon produit des fruits de couleur roussâtre. Ils sont composés de petites écailles placées les unes sur les autres ; on dirait plutôt des feuilles. Ils ont un goût amer très prononcé ; on s'en sert dans la fabrication de la bière.

185. Les plantes oléagineuses. — Voici l'amande d'une noix : frottons-la sur une feuille de papier ; la noix laisse une tache grasse sur le papier qui devient transparent : pourquoi cela? C'est qu'il y a de l'huile dans la noix. Les plantes dont le fruit ou les graines renferment de l'huile qu'on peut extraire s'appellent des *plantes oléagineuses.*

D'autres fruits comme la *noisette*, l'*amande*, l'*olive*, renferment aussi de l'huile. Vous connaissez le *noyer*, qui pousse dans les champs : son fruit, la *noix*, contient une amande que nous mangeons ou dont nous retirons de l'huile comestible.

L'*olivier* (fig. 183) est un arbre qu'on cultive dans le

---

185. — *Qu'appelle-t-on plantes oléagineuses? Citez les principales. Comment retire-t-on l'huile des noix, des olives, des graines?*

15.

midi de la France ; ses fruits, nommés *olives*, sont aussi employés en cuisine où on les utilise après qu'ils ont été confits dans la saumure.

D'autres plantes, telles que le *pavot* (fig. 184), le *colza* (fig. 185), la *navette*, le *chanvre*, le *lin*, ont des graines qui contiennent de l'huile ; ce sont des plantes oléagineuses.

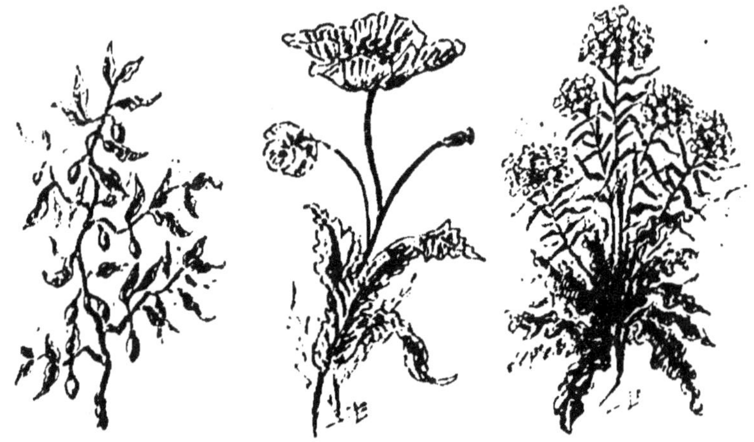

Fig. 183. — Branche d'olivier.   Fig. 184.—Pavot.   Fig. 185. — Colza.

Comment extrait-on l'huile des fruits ou des graines qui la renferment ?

Lorsque les noix sont mûres, on les abat avec une grande perche de bois, une *gaule* ; on les dépouille de leur enveloppe verte ; on casse la coquille et on en retire l'amande que l'on presse ; l'huile obtenue est jaune ; elle a un goût de noix très prononcé.

On n'abat pas les olives, mais on les cueille ; on les porte au moulin, on les écrase sous de grosses meules ; on les met ensuite dans des sacs et on les presse fortement. L'huile qui en sort est verdâtre ; elle a un parfum agréable.

On écrase, puis on presse les graines de pavot, de colza, de navette ; mais l'huile qu'on en retire subit diverses opérations qui l'*épurent* et lui font perdre son odeur et sa saveur désagréables.

186. Les plantes médicinales. — Un grand nombre de plantes sont employées en médecine pour essayer de guérir les maladies ou tout au moins de soulager les malades : on les nomme *plantes médicinales*.

Vous connaissez le *coquelicot*, la *mauve*, la *guimauve*, dont on fait des tisanes adoucissantes ; la *rhubarbe*, dont les tiges servent à faire des confitures, mais dont les racines, séchées et écrasées, donnent une poudre employée pour purger. Il y en a nombre d'autres qu'on utilise chaque jour ; citons, parmi les plus connues, le *saule*, la *gentiane*, la *petite centaurée*, qui combattent la fièvre ; la *fougère*, le *houblon*, l'*armoise*, qui font mourir les vers ; la *chicorée* sauvage, le *noyer*, dont on emploie les feuilles, qui dépurent le sang.

187. Les plantes nuisibles. — Avez-vous déjà vu du *gui* (fig. 186), que, dans les villes, on vend à l'approche du premier janvier ? Le gui vit sur les arbres, particulièrement sur le chêne et le peuplier ; c'est donc une plante parasite, par suite une plante nuisible.

---

186. — *Qu'appelle-t-on plantes médicinales? Citez-en quelques-unes, et dites à quoi elles servent.*

187. — *Le gui, la cuscute, le colchique, la ciguë, la belladone sont des plantes nuisibles : pourquoi?*

Une autre plante, la *cuscute*, vit sur les tiges du trèfle et de la luzerne, autour desquelles elle s'enroule, et dont elle absorbe la sève : la cuscute est encore une plante nuisible

Parmi les plantes nuisibles, il en est qui sont de véritables poisons pour l'homme ou les animaux : ce sont donc des plantes vénéneuses ; citons seulement le *colchique*, la *ciguë* et la *belladone*.

Fig. 186. — Gui.

Fig. 187. — Belladone,
avec fleur et fruit.

Le *colchique* se rencontre dans les prairies, où il donne en automne de belles fleurs couleur lilas. La *ciguë* ressemble au persil, avec lequel on la confond quelquefois ; mais lorsqu'on écrase entre les doigts quelques feuilles de ciguë, elles répandent une odeur nauséabonde. La *belladone* (fig. 187) a des fruits rouges, qui ressemblent à des cerises ; c'est un poison violent.

La plupart des plantes vénéneuses peuvent être employées en médecine ; mais on ne doit jamais s'en servir sans avis du médecin, qui indique sous quelle forme et dans quelle mesure il convient d'en faire usage.

VINGT-NEUVIÈME LEÇON

LE JARDIN; LES TRAVAUX DU JARDIN; LES OUTILS

188. Le jardin. — Voici des fleurs : où ont-elles été cueillies? Quelques-unes ont été récoltées dans les champs; mais la plupart viennent du *jardin;* tous les légumes que nous mangeons peuvent être cultivés dans les champs, comme le sont le blé et la betterave, mais le plus souvent ils nous sont fournis par le *jardin.* De même, les fruits sont produits par des arbres qui poussent dans les champs, ou que l'on cultive dans le *jardin;* vous savez qu'on les nomme des arbres fruitiers.

Qu'est-ce donc que le *jardin?* C'est un terrain dans lequel on cultive des fleurs, des légumes, des arbres fruitiers.

Il existe par conséquent trois sortes de jardins : le *jardin fleuriste,* appelé encore *jardin d'agrément,* dans lequel on cultive les fleurs; le *jardin potager,* qui

A MONTRER. — 1° *Tableaux et images :* Bêche; — plantoir; — couche et châssis; — arrosoir; — jardinier en train de planter, — d'arroser; — râteau; — brouette. — 2° *Objets :* Pomme d'arrosoir; — râteau (jouet).

fournit les légumes ; le *jardin fruitier*, ou *verger*, dans lequel se trouvent les arbres fruitiers.

La plupart du temps, à la campagne, ces trois sortes de jardins ne sont pas séparées. Dans le même terrain, on cultive en même temps des fleurs, des légumes et des arbres fruitiers ; cela permet d'obtenir des récoltes variées dans un petit espace, en même temps que le jardin prend un aspect plus gai, moins monotone.

L'ouvrier qui s'occupe tout particulièrement de la culture et de l'entretien du jardin se nomme un *jardinier*.

189. Établissement d'un jardin. — Lorsqu'on veut établir un jardin, on commence par retourner la terre, jusqu'à 50 centimètres de profondeur ; on enlève ensuite les pierres qui peuvent s'y trouver. Quand on retourne ainsi la terre profondément, on dit qu'on la *défonce* ; cette opération se fait avec la *bêche* (fig. 188), car, la plupart du temps, il est impossible de pénétrer dans un jardin avec une charrue.

La *bêche* se compose d'une plaque de fer, plus longue que large, à laquelle on peut adapter un long manche de bois. Elle est légèrement tranchante à son extrémité, afin de pouvoir couper la terre et y pénétrer plus facilement.

Questionnaire. — **188**. — *Qu'est-ce que le jardin ? Combien d'espèces de jardins distingue-t-on ? Les trouve-t-on toujours à la campagne ?*

189. — *Comment établit-on un jardin ? De quel instrument se sert-on pour défoncer, labourer la terre ? Décrivez la bêche. Qu'est-ce qu'un carré ?*

Quand la terre est ainsi défoncée, on y met une bonne couche de fumier ; puis on la *laboure*, à diverses reprises, afin que la terre arable, dans laquelle s'enfonceront les racines des plantes, soit bien meuble.

C'est encore la *bêche* qu'on emploie pour labourer ; le jardinier enfonce son instrument dans le sol, soulève une certaine quantité de terre, qu'il jette devant lui en la retournant.

Le jardinier divise ensuite le jardin, par des *allées* droites, en un certain nombre de *carrés* dans lesquels seront cultivés les légumes ; tout autour des carrés seront disposées des bordures de buis ou de fleurs ; souvent aussi on y plante des arbres fruitiers.

Fig. 188. — Jardinier en train de bêcher.

190. Les travaux et les outils du jardin : les semis. — Dans un jardin, la terre ne doit presque jamais rester improductive ; à peine une récolte est-elle enlevée, qu'il faut procéder à un nouveau labour, pour pouvoir faire une nouvelle plantation. Du reste, le jardinier est

190. — Comment fait-on les semis : en place ? en pépinière ? Qu'est-ce qu'un plantoir ? une couche ? un châssis ?

rarement inoccupé; sans cesse il lui faut remuer la terre, semer, planter, récolter.

Les plantes du jardin ne poussent pas toutes seules; il faut les semer ou les planter. L'action de semer se nomme le *semis*. Pour certaines plantes, comme les radis, les carottes, les semis se font *en place*, c'est-à-dire qu'on sème les graines à l'endroit même où la plante devra se développer.

Pour d'autres plantes, comme les salades, les semis;

Fig. 189. — Couche avec châssis.

se font *en pépinière*, c'est-à-dire dans un carré spécial, une *plate-bande*, qui a été préalablement bien fumée et bien travaillée. Quand la jeune plante est assez forte pour pouvoir être *transplantée*, on l'arrache, et, au moyen du *plantoir*, on la met à la place qu'elle devra occuper définitivement.

Le *plantoir* est une espèce de cheville recourbée, plus ou moins grosse, et dont l'extrémité est effilée; avec le plantoir, on fait dans la terre un trou dans lequel on place la plante, en ayant bien soin de ne pas froisser les racines; on remplit le trou de bonne terre, que l'on presse autour de la plante.

Quelquefois, pour que les graines lèvent plus vite, on les sème sur *couche*. La *couche* (fig. 189) est un terrain bien exposé au soleil, recouvert d'une épaisse couche de fumier, sur laquelle on a étendu du *terreau;* sur le terreau on répand la semence. Le fumier fermente, produit de la chaleur qui permet aux graines de lever plus vite. Souvent aussi, afin d'éviter que la chaleur ne se perde, ou que le froid ne pénètre jusqu'aux jeunes plantes, on recouvre la couche d'un *châssis* en verre.

191. L'arrosage. — Les racines des plantes s'enfoncent dans le sol et vont y puiser l'humidité qui leur est nécessaire pour pouvoir se développer ; la pluie, qui tombe de temps en temps, entretient la terre dans un état constant d'humidité. Il arrive pourtant, en été, quand la sécheresse est très grande, et aussi quand de jeunes plantes viennent d'ê-tre transplantées, qu'il faut

Fig. 190. — Arrosoir.

arroser, c'est-à-dire donner à la terre une nouvelle quantité d'eau.

Pour arroser, le jardinier se sert d'un *arrosoir* (fig. 190) ; c'est une sorte de vase en fer-blanc ou en zinc, muni d'une poignée placée sur le côté, et que le jardinier peut tenir à la main. A l'opposé de la poignée se trouve un tuyau muni d'une *pomme,* qui est percée

191. — *Pourquoi faut-il arroser ? Faites la description de l'arrosoir.*

de nombreux petits trous. Le jardinier incline son arrosoir (fig. 191) ; l'eau s'échappe, non pas brusquement, mais sous forme de pluie ; de cette façon, elle n'endommage ni les fleurs, ni les jeunes plantes.

Fig. 191. — Jardinier en train d'arroser.

Quelquefois, surtout lorsqu'on arrose des plantes qui viennent d'être transplantées, on enlève la pomme de l'arrosoir, et on verse l'eau au pied de chaque plante.

192. Sarclage et binage. — Le jardin doit être très propre, qu'il s'agisse d'un jardin fleuriste ou d'un jardin

192. — Qu'est-ce que le sarclage ? le binage ? Comment les fait-on ?

potager. Or les plantes semées par le jardinier ne sont pas les seules à y pousser ; on voit souvent de mauvaises herbes ; si on les laissait croître, elles occuperaient beaucoup de place et empêcheraient les plantes cultivées de se développer convenablement ; il faut donc les faire disparaître : le jardinier arrache ces mauvaises herbes, généralement à la main, il *sarcle*. Le *sarclage* demande beaucoup de précautions ; il ne faut pas, en effet, en enlevant les mauvaises herbes, arracher aussi les plantes cultivées.

Lorsque ces dernières sont assez fortes, ou qu'elles sont plantées à une certaine distance les unes des autres, on fait disparaître les mauvaises herbes au moyen du *binage* : pour faire cette opération, on se sert d'une *binette,* lame de fer recourbée, placée à l'extrémité d'un long manche de bois ; avec la binette, le jardinier gratte la terre, sans aller profondément ; il coupe ainsi les mauvaises herbes.

Le binage a un autre avantage : il rend la surface du sol plus meuble, et permet ainsi à l'air et à l'humidité d'arriver plus facilement jusqu'aux racines des plantes.

193. Travaux et outils divers. — Nous n'avons cité que les principaux outils et les travaux les plus importants du jardinier ; il y en a encore d'autres qu'il est bon de connaître.

Lorsque la terre a été labourée, il faut, avant d'y

193. — *Qu'est-ce que le râteau ? la brouette ? le cordeau ? A quoi servent ces divers outils ?*

planter des légumes ou des fleurs, en égaliser la surface : pour cette opération, le jardinier se sert d'un *râteau* (fig. 192). Cet instrument est formé d'un long manche, à l'extrémité duquel se trouve une plaque de bois ou de fer qui porte un certain nombre de petites tiges de fer, assez semblables à de grosses pointes. L'ouvrier le passe en tous sens sur le sol ; de cette façon il écrase ou casse les mottes : dans le jardin, le râteau remplace la herse, de même que la bêche remplace la charrue.

Fig. 192. — Râteau.

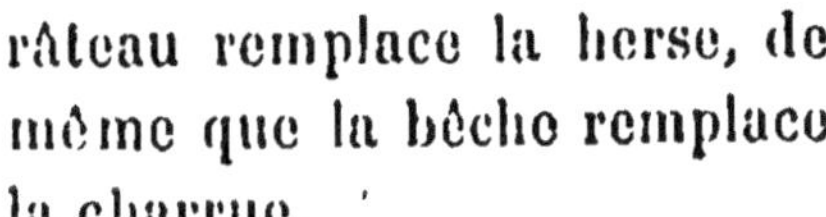

Fig. 193. — Brouette.

Un outil indispensable au jardinier, c'est la *brouette* (fig. 193) : elle se compose d'une caisse de bois, en avant de laquelle est placée une roue ; elle est munie de deux manches que le jardinier prend dans les mains. La brouette sert à transporter du fumier dans les diverses parties du jardin, à transporter les légumes ou les plantes qui y ont été récoltées.

Beaucoup de plantes potagères, de légumes, sont semées ou plantées en lignes ; pour obtenir une plantation régulière, les jardiniers se servent d'un *cordeau*. C'est une longue corde enroulée autour d'un piquet de bois ; l'extrémité est munie d'un autre piquet, analogue au premier. Le jardinier tend la corde à l'endroit où il veut planter ses légumes ; puis avec le plantoir, il les dispose tout le long de la corde, dans un ordre régulier.

En parlant du verger, nous dirons quelques mots de divers autres outils nécessaires au jardinier.

TRENTIÈME LEÇON

LES FLEURS

194. Les fleurs des champs. — En été, lorsqu'on se
promène dans la campagne, on n'aperçoit pas seulement des arbres sur le bord de la route ou dans les
champs, des plantes de toutes sortes qui embellisent la
campagne ; on voit aussi des fleurs en quantité considérable. Les unes sont toutes petites ; la corolle n'a
pas de brillantes couleurs ; d'autres sont blanches,
rouges, violettes, multicolores ; quelques-unes n'ont
pas d'odeur ; d'autres au contraire répandent un parfum agréable. Aussi les promeneurs, pendant la belle
saison, peuvent faire une ample récolte, confectionner de gros et jolis bouquets qui orneront la
maison (fig. 194).

A montrer. — 1° *Tableaux et images :* Tableau des principales
fleurs des champs ; — giroflée ; — géranium ; — reine-marguerite ; — pensée ; — pivoine ; — dahlia ; — bégonia, etc. —
2° *Objets :* Principales fleurs des champs, du jardin ; — petit
pot à fleur ; — terre de bruyère.

Expérience a faire. — Pratiquer la greffe en écusson sur une
branche de rosier ou tout autre arbuste.

Citons quelques fleurs des champs, choisies parmi
les plus connues : vous avez déjà vu, dans les blés, des
coquelicots, aux fleurs rouges, des *bluets*, de couleur
bleu foncé, qui, mêlés aux épis
jaunes, donnent aux champs de
blé un aspect agréable. Vous
connaissez aussi la *pâquerette*,
qui émaille l'herbe du bord des
routes, ainsi que les prairies ; la
marguerite, avec de longs pétales
blancs sur un fond jaune ; la
violette, qui se cache modeste-
ment sous les haies, et dont le
parfum est suave et pénétrant.
Dans les prairies, vous avez pu
rencontrer des *primevères*, aux

Fig. 194. — Bouquet
de fleurs des champs.

fleurs jaunes, et dans les bois, du *muguet,* dont les
fleurs ressemblent à de petites clochettes, de la
bruyère, aux couleurs variées, avec laquelle on fait
souvent des balais.

195. Les fleurs du jardin. — Nombre de fleurs sont
cultivées dans le jardin, à côté des légumes et des
arbres fruitiers. Elles en sont l'ornement ; elles char-
ment la vue ; quelques *rosiers*, quelques pieds de
dahlias, et au besoin un ou deux *massifs* de fleurs

Questionnaire. — 194. — *Quelles sont les principales fleurs
des champs ?*

195. — *Que doit faire le jardinier, s'il veut avoir de belles
fleurs dans son jardin ?*

variées, sont suffisants pour donner au jardin un aspect plus agréable, plus gai, plus riant.

Les fleurs des champs poussent naturellement ; personne n'en prend soin. Il n'en est pas de même des fleurs du jardin. Le jardinier fleuriste doit leur donner tous ses soins, s'il veut les voir réussir, car, bien souvent, elles sont moins robustes que celles des champs ; grâce à ses soins, il obtient généralement des fleurs bien différentes, plus grandes, plus belles que celles qui poussent dans les champs ou dans les bois ; vous avez pu voir déjà des *giroflées* de muraille, aux couleurs jaunes, nuancées de noir : quelle différence avec les giroflées des jardins, qui sont blanches, jaunes, roses ou rouges ! Le plus souvent aussi, ces dernières sont *doubles*, c'est-à-dire qu'elles ont beaucoup plus de pétales que celles qui poussent à l'état sauvage.

Une des préoccupations du jardinier fleuriste doit être d'avoir de belles graines : à cet effet, il choisit celles qui sont produites par les fleurs les plus robustes, les plus jolies, les plus odorantes.

196. Principales fleurs du jardin. — Il existe un très grand nombre d'espèces de plantes que l'on cultive dans les jardins pour leurs fleurs, et qu'on appelle des *plantes d'ornement*. Nous ne pouvons songer à les étudier toutes ; nous nous contenterons de parler des principales.

196. — *Parlez de la giroflée, du géranium, de la reine-marguerite, de la pensée, de la pivoine, du dahlia, du bégonia, du chrysanthème. Citez d'autres fleurs du jardin.*

La *giroflée* a des fleurs très odorantes et de couleurs variées ; elle ne fleurit que la deuxième année de sa croissance : c'est donc une plante *bisannuelle*.

Le *géranium* est une plante très rustique ; il ne craint pas les gelées ; ses feuilles sont larges, arrondies et nuancées ; il donne des fleurs simples et des fleurs doubles, qui toutes ont des couleurs variées et éclatantes : il y en a des rouges, des blanches, des roses, des panachées. On en fait des corbeilles, des massifs qui produisent un bel effet.

La *reine-marguerite* ressemble à la marguerite des prés ; elle dure longtemps, et embellit le jardin pendant plusieurs mois de l'année. Il y en a des espèces dont

Fig. 195. — Bégonia.

les fleurs ont des couleurs variées et très jolies.

La *pensée* est remarquable par ses larges fleurs dont les couleurs vives et souvent bizarres attirent l'œil ; elle est un des plus beaux ornements du jardin.

La *pivoine* est bien connue : elle produit une grosse fleur, très volumineuse, composée d'un grand nombre de pétales généralement rouges.

Le *dahlia* a de jolies fleurs aux nuances très variées ; il y en a des simples et des doubles. Sa tige est assez haute et fragile ; aussi est-on souvent obligé de la soutenir au moyen d'un tuteur.

Le *bégonia* (fig. 195), aux fleurs rouges ou nuancées,

craint beaucoup les gelées ; on en fait de jolis massifs.

Disons encore quelques mots du *chrysanthème :* vous avez pu en voir, à la fin de l'automne, alors qu'il n'y a plus d'autres fleurs ; il produit des fleurs charmantes, aux couleurs variées.

Contentons-nous de citer d'autres fleurs bien connues : le *myosotis,* aux jolies fleurs bleues ; la *balsamine,* à fleurs blanches, rouges, violettes ou panachées ; l'*héliotrope,* à l'odeur si fine et si pénétrante ; l'*aconit,* dont les fleurs bleues ont la forme d'un casque ; la *gueule-de-loup,* la *digitale,* etc.

Fig. 196. — Branche de rosier.

197. Le rosier. — Il est, dans le jardin, un arbuste qui mérite une mention particulière, à cause des jolies fleurs qu'il produit en très grande quantité : c'est le *rosier* (fig. 196).

Il y a différentes variétés de *roses :* on en voit des rouges, des roses, des blanches, des jaunes ; elles ont toutes des nuances diverses et très délicates, et répandent un parfum suave et pénétrant : ce n'est pas sans raison qu'on a appelé la rose la *reine des fleurs.*

Le *rosier* pousse à l'état sauvage dans les haies et

---

197. — *Qu'est-ce que le rosier, l'églantier ?*

dans les buissons ; il produit alors des fleurs simples : on le nomme *églantier*.

Grâce à des soins divers, les jardiniers ont pu faire des églantiers les rosiers que vous connaissez. Par la culture, les roses sauvages deviennent doubles, soit que le nombre des pétales augmente considérablement, soit encore que les étamines se transforment en pétales.

198. La culture des fleurs. — Les fleurs du jardin peuvent être cultivées *en place* ou *en pots*. En général, les graines sont semées dans du terreau ; quand les plantes sont assez fortes, on les *repique* dans des *pots à fleurs*.

Ces pots sont en terre cuite ; le fond est percé d'un petit trou, pour permettre à l'eau de s'écouler. Quand on arrose les fleurs, si l'eau séjournait dans le pot, les racines pourraient pourrir. En général, on met sur le trou du pot un petit morceau de pierre ; on l'emplit ensuite de terre ; de cette façon, l'eau ne s'écoule pas trop vite.

La terre qu'on emploie communément est du *terreau* ou de la *terre de bruyère* ; le terreau est produit par la décomposition du fumier ; la terre de bruyère est formée de terre légère dans laquelle on rencontre de nombreux débris de plantes, particulièrement des bruyères.

Pour que les plantes que l'on cultive pour leurs fleurs réussissent bien, il faut les arroser souvent.

---

198. — *Comment cultive-t-on les fleurs : en place ? en pots ? Comment sont les pots à fleurs ? Avec quelle terre les emplit-on ?*

199. Reproduction des plantes à fleurs. — Quand on veut obtenir du blé, que fait-on ? On sème en terre des grains de blé. Quand on veut avoir des plantes propres à produire des fleurs, on peut également semer des graines : parmi celles que nous avons citées, la giroflée, la reine-marguerite, la pensée se reproduisent par semis.

Mais, souvent aussi, ces plantes se reproduisent par *bouture* : lorsqu'on casse une branche de géranium et

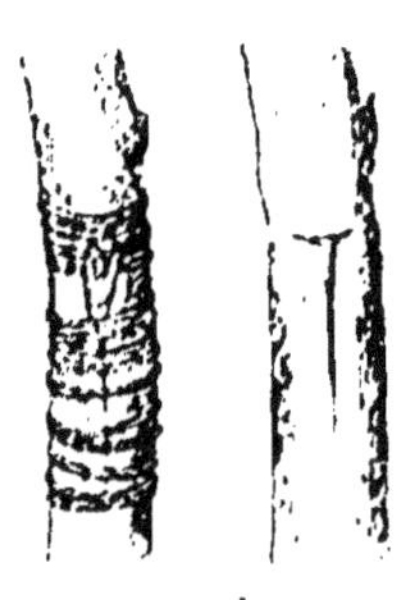

Fig. 197. — Greffe en écusson.

qu'on l'enfonce en terre, il y pousse des racines et, au bout de quelque temps, on a un nouveau pied de géranium qui, à son tour, peut donner des fleurs. La branche que l'on a mise en terre se nomme une *bouture*, et l'opération faite, le *bouturage*.

En parlant du rosier, nous avons dit que le jardinier plante un *églantier*, ou *rosier sauvage* : comment cet églantier pourra-t-il, plus tard, donner de belles roses doubles ? Pour obtenir ce résultat, on le *greffe*. La *greffe* (fig. 197) consiste à enlever un bourgeon sur un rosier qui produit de jolies fleurs, et à le fixer sur le rosier sauvage. Voici comment on s'y prend : on fend l'écorce de l'églantier et on la soulève légèrement ; sous l'écorce, on introduit le bourgeon, que

---

199. *Comment reproduit-on les plantes à fleurs ? Qu'est-ce qu'une bouture ? Comment greffe-t-on l'églantier ?*

l'on fixe solidement au moyen d'un gros fil de laine.

Au bout d'un certain temps, si l'opération a été bien faite, le bourgeon s'attache à la tige de l'églantier, puis il se développe; une branche pousse : elle produira des roses semblables à celles que produisait le rosier sur lequel on a enlevé le bourgeon.

TRENTE ET UNIÈME LEÇON

LES FRUITS. — LE VERGER

200. Les fruits. — Vous connaissez certainement quelques-uns des fruits de nos pays. Nommons les principaux. Ce sont d'abord la *fraise* et la *cerise*, qui viennent les premières, et qu'on mange en mai et en juin ; puis la *prune*, si juteuse et si agréable ; la *framboise* et la *groseille*, qui sont si recherchées ; les *abricots*, à la belle couleur jaune, et les *pêches*, à la peau veloutée.

A partir du mois d'août, nous avons les *pommes* et les *poires*, dont quelques espèces se récoltent seulement en octobre, et enfin les *raisins*.

Vous savez que le fruit n'est pas seulement une partie

A MONTRER. — 1° *Tableaux et images :* Tableaux coloriés représentant les principaux fruits ; — principaux arbres fruitiers ; — greffe en fente ; — serpette ; — sécateur ; — jardinier taillant un arbre. — 2° *Objets :* Quelques fruits ; — branche avec bourgeon à fruits ; — serpette ; — sécateur.

EXPÉRIENCES A FAIRE. — 1° Faire distinguer sur une branche de poirier les bourgeons à bois et les bourgeons à fruits.

2° Pratiquer la greffe en fente sur une branche d'arbre fruitier.

3° Montrer comment on se sert de la serpette, du sécateur.

de la plante, qui renferme un noyau, comme la cerise, ou des pépins, comme la poire. Il est souvent différent : la gousse du haricot, du pois, de la fève ; la tomate, dont on fait des sauces ; le melon qu'on sert sur nos tables ; le potiron que l'on fait cuire ; la noix, la châtaigne, avec leur enveloppe verte, sont des fruits, aussi bien que la cerise et la poire. Tous ces fruits renferment des graines, et parfois, comme dans le pois, la châtaigne, c'est seulement la graine, contenue dans le fruit, que nous mangeons.

201. Ce qu'on mange dans les fruits. — Vous pouvez vous rendre compte, après ce que nous venons de dire, que nous ne mangeons pas toujours la même partie dans les différents fruits.

Dans certains fruits, on mange seulement la *graine*. Laissons de côté les haricots et les pois, qui sont des légumes ; mais dans la *châtaigne*, c'est la graine qu'on mange, après avoir enlevé l'enveloppe épineuse. La *noix*, quand elle est mûre, tombe de l'arbre ; son enveloppe verte se détache souvent toute seule ; mais il faut casser la coquille pour manger l'amande.

Dans la cerise, la prune, l'abricot, la pêche, se trouve un noyau qui renferme la graine ; nous mangeons tout ce qui se trouve autour du noyau, et nous rejetons celui-ci, et par conséquent la graine.

Questionnaire. — 200. — *Citez quelques-uns des fruits de nos pays.*

201. — *Quelles sont les différentes parties qu'on mange dans les fruits ?*

La pomme, la poire, au lieu de noyau, renferment des pépins; nous mangeons tout, sauf les pépins. Quand il s'agit des fraises, des framboises, des groseilles, du raisin, nous mangeons tout le fruit.

202. Les arbres fruitiers. — La fraise est produite par une plante qui rampe sur la terre. La groseille, la framboise sont fournies par des arbrisseaux. La vigne, qui donne le raisin, est une plante grimpante.

Les autres fruits dont nous avons parlé, la cerise, la prune, etc., sont produits par des arbres qu'on appelle *arbres fruitiers :* le cerisier, le prunier, l'abricotier, le pêcher, le pommier, le poirier. Le noyer, le châtaignier, bien que donnant des fruits, ne sont pas rangés dans la catégorie des arbres fruitiers.

On cultive les arbres fruitiers soit en *plein vent*, soit *à l'abri*, dans les jardins ou dans les *vergers*. La plupart du temps, dans les campagnes, les paysans n'ont pas de verger ; aussi les arbres fruitiers sont plantés au milieu des champs : on dit qu'ils sont cultivés *en plein vent;* on les laisse se développer en liberté; on ne les néglige pourtant pas, pendant l'hiver, on enlève les branches mortes, on les nettoie en détruisant la mousse; il faut aussi, autant que possible, les débarrasser des insectes nuisibles qui les ravagent; enfin il est bon, de temps en temps, de fumer la terre au pied de chaque arbre.

----

202. — *Qu'est-ce que les arbres fruitiers? Où et comment les cultive-t-on?*

203. Le verger. — Les arbres fruitiers se cultivent dans un jardin spécial, le *verger* (fig. 198); souvent aussi quand on n'a pas de verger, on les cultive dans

Fig. 198. — Un verger.

le jardin, en même temps que les fleurs et les légumes. Mais, quel que soit l'endroit où ils se développent, il faut leur donner des soins continuels, si l'on veut qu'ils

203. — *Qu'est-ce qu'un verger? un espalier? Citez quelques variétés de cerises, de prunes, de poires, de pommes.*

produisent en abondance des fruits de bonne qualité.

Très souvent, on les adosse à un mur, et on étale leurs rameaux le long d'un treillage ou d'un fil de fer : on a alors des *espaliers* (fig. 199); cela se produit surtout pour le poirier, le pommier, le pêcher, l'abricotier et la vigne.

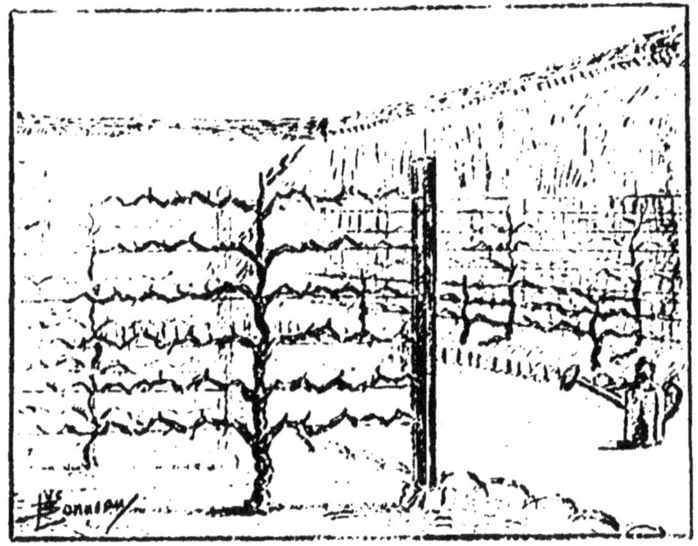

Fig. 199. — Espaliers.

Grâce à la culture, à des soins intelligents, les arbres fruitiers donnent d'excellents produits, et des variétés très nombreuses de fruits.

Vous connaissez probablement la *cerise anglaise*, très douce, et le *bigarreau*, sorte de cerise dont la chair est très ferme; parmi les prunes, la *reine Claude* et la *mirabelle*; parmi les poires, la *William*, la *Louise* sonne, la *duchesse*, et parmi les pommes la *reinette*, la *Calville*. Tous ces fruits peuvent être servis sur nos tables, où ils sont très appréciés.

204. La greffe. — Les arbres fruitiers cultivés dans le jardin ou dans le verger, exigent des soins analogues à ceux des arbres en plein vent. Mais avant qu'ils aient atteint leur complet développement, qu'ils puissent produire des fruits, il faut les soumettre à diverses opérations. En premier lieu vient la greffe, dont nous avons déjà parlé à propos du rosier.

Un noyau de pêche, planté en terre, donnera naissance à un petit pêcher; mais ne croyez pas que, au bout de quelques années, ce pêcher produira des fruits excellents; les pêches qu'on récoltera ne ressembleront en rien à celle qui a fourni le noyau : elles seront petites, âcres, sans saveur agréable. Pour avoir de bonnes pêches, il faudra *greffer* notre petit pêcher. Rappelons rapidement comment se fait la *greffe*.

Le petit arbre qu'il s'agit de greffer s'appelle un *sauvageon*; on le nomme encore *porte-greffe*, ou *sujet*. Le jardinier enlève un bourgeon sur un pêcher qui produit de bons fruits, puis, avec une sorte de couteau, nommé *greffoir*, il fend l'écorce du sauvageon; il soulève cette écorce avec précaution, et dans la fente obtenue, il introduit le bourgeon, appelé dans ce cas,

---

204. — *Si l'on plante un noyau de pêche, qu'obtient-on ? Qu'appelle-t-on sauvageon ? greffoir ? greffon ? Qu'est-ce que la greffe en fente ? Comment la pratique-t-on?*

greffon, ou *écusson;* puis il le fixe solidement au moyen d'un fil de laine.

Au bout d'un certain temps, l'écusson se développe, et donne naissance à une branche qui fournira de bons fruits.

La greffe ainsi pratiquée se nomme *greffe en écusson* (fig. 197); elle se fait au printemps et à la fin de l'été; on greffe de cette façon les pêchers et les abricotiers.

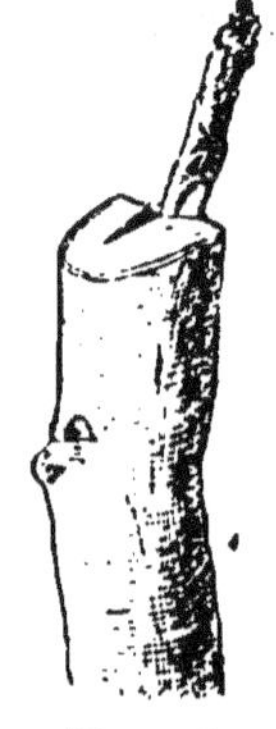

Fig. 200.
Greffe
en fente.

Il existe une autre espèce de greffe, la *greffe en fente* (fig. 200), qui se fait au printemps, et qu'on pratique sur le poirier, le pommier, le cerisier et même sur la vigne.

Voici comment on opère : au lieu d'un bourgeon, on enlève un petit rameau portant deux ou trois bourgeons; on amincit la partie coupée; puis, la branche à greffer ayant été coupée horizontalement, on la fend sur une longueur de cinq à six centimètres. C'est dans la fente obtenue qu'on introduit le greffon; on entoure ensuite la branche greffée avec de la ficelle; on recouvre la fente avec une sorte de mastic; bientôt le greffon se développe et produit une nouvelle branche.

205. La marcotte. — La vigne peut se reproduire au moyen de *boutures,* dont nous avons déjà parlé à propos

---

205. — *Qu'est-ce que le marcottage? Comment le pratique-t-on?*

du géranium ; mais souvent, on la reproduit par *marcotte*; l'opération se nomme le *marcottage*.

Au lieu de couper une branche et de la planter en terre, on la couche dans une fosse que l'on a préalablement creusée ; puis on la recouvre de terre, en ayant soin de redresser l'extrémité qui sort de terre. Cette branche se garnit de racines, et quand on voit qu'elle est assez robuste, on la détache de la plante qui l'a produite, et qu'on nomme *plante-mère*.

Le *marcottage*, appliqué à la vigne, se nomme *provignage*, et la branche mise en terre est appelé *provin*.

206. La taille. — Les arbres du verger, et particulièrement les arbres en espalier, ne sont jamais si élevés que les arbres en plein vent; de plus, ils ont

Fig. 201. — Jardinier en train de tailler un arbre.

une forme particulière ; enfin ils produisent généralement des fruits plus gros et meilleurs. Pourquoi cela ? C'est que le jardinier les *taille* (fig. 201). Voyons com-

---

206. — *Pourquoi taille-t-on les arbres fruitiers? A quoi sert la serpette? le sécateur?*

ment la *taille* permet de produire de pareils fruits.

Quand, au printemps, on regarde une branche de poirier, on y voit deux sortes de bourgeons, les uns petits et pointus : ce sont les *bourgeons à bois*, qui donneront de nouvelles branches ; les autres, plus gros et plus arrondis : ce sont les *bourgeons à fruits*, qui donneront des fleurs, puis des fruits.

Au moyen d'une *serpette* (fig. 202), sorte de petit couteau dont la lame est recourbée, le jardinier enlève un certain nombre de bourgeons à bois, mais il se garde bien de toucher

Fig. 202.
Serpette.

Fig. 203.
Sécateur.

aux bourgeons à fruits : la sève, en montant, ira dans ces derniers, au lieu de former de nouvelles branches.

Lorsque les branches à couper ont une certaine grosseur, le jardinier emploie le *sécateur* (fig. 203), qui ressemble assez à des ciseaux.

La taille est une opération très délicate, qui demande beaucoup d'attention et de soin ; si elle était mal faite, elle nuirait à la production des fruits et abrégerait la vie des arbres.

TRENTE-DEUXIÈME LEÇON

LES LÉGUMES. — LE POTAGER.

207. Les légumes. — L'homme ne se nourrit pas seulement de pain et de viande; il a besoin d'ajouter à ces aliments d'autres substances empruntées aux végétaux : ce sont des aliments végétaux, parmi lesquels se trouvent les *fruits*, dont nous avons déjà parlé, et les *légumes*.

On désigne sous le nom de *légumes* toutes les plantes qu'on cultive dans le *jardin potager*, et qui servent à notre alimentation. Mais dans les légumes, nous ne mangeons pas toujours la même partie de la plante : ainsi, qu'utilise-t-on dans les *carottes?* ce ne sont pas

A montrer. — 1° *Tableaux et images :* Les différents légumes indiqués dans la leçon. — 2° *Objets :* Oignon; — ail; — échalote; — thym séché; — sarriette; — feuilles de laurier.

Expériences a faire. — 1° Prendre un oignon; faire distinguer les racines, la partie qu'on mange, qui est un renflement de la tige.

2° Si possible, prendre un artichaut ; enlever les écailles; montrer la partie charnue, comestible ; faire distinguer les fleurs non encore épanouies.

les feuilles : on les coupe et on les jette ; on ne mange que la *racine*.

Au contraire, quand la cuisinière prépare du *chou*, de l'*oseille*, des *épinards*, elle coupe les *feuilles*, et les fait cuire après les avoir nettoyées.

Quand on mange de l'*oignon*, du *poireau*, c'est la *tige*, ou un gonflement de la tige, qui est utilisée.

Enfin vous connaissez bien les *pois*, les *haricots*, les *lentilles*, les *fèves :* ce sont des graines.

Ainsi, les légumes que nous utilisons pour notre nourriture peuvent être des racines, des feuilles, des tiges, des graines.

208. Plantes dont on mange les racines. — La *carotte* n'est pas la seule plante dont on mange les racines ; vous connaissez le *radis rose*, qui se mange au commencement du repas, avec du beurre et du sel ; le *navet* dont on fait des ragoûts ; le *panais*, que l'on met dans le pot-au-feu pour lui donner plus de goût.

Avez-vous déjà vu des *salsifis* et des *scorsonères ;* la peau des salsifis est grisâtre, celle des scorsonères est noirâtre. Ce sont des légumes très nourrissants ; lorsqu'on veut les utiliser, on en gratte la peau, on les fait cuire à l'eau, puis on les assaisonne de différentes manières.

La *pomme de terre* n'est pas une racine, bien qu'on

la trouve dans la terre; c'est un *tubercule* dont nous parlerons dans une prochaine leçon.

209. Plantes dont on mange les feuilles. — Les plantes dont nous mangeons les feuilles sont très nombreuses; nous avons déjà cité le *chou*, l'*oseille*, les *épinards*. On récolte toutes ces plantes avant qu'elles soient fleuries.

Nous pouvons encore nommer les différentes espèces de salades, la *laitue*, la *chicorée*, plantes que l'on fait souvent blanchir en les liant, c'est-à-dire en les entourant de quelques brins de paille, que l'on serre assez fortement; le *céleri*, le *pissenlit*, la *mâche :* toutes les salades se mangent crues, alors qu'on fait cuire le chou, l'oseille, les épinards, avant de les servir sur la table.

Fig. 204. — Persil.

D'autres plantes, telles que le *persil* (fig. 204), le *cerfeuil*, fournissent des feuilles que l'on hache, et qui servent à assaisonner les aliments. Vous avez aussi entendu parler du *thym*, de la *sarriette*, et d'un arbuste, le *laurier*, dont on utilise les feuilles : il n'est pas une

209. — Citez quelques plantes dont on mange les feuilles.

cuisinière qui n'ajoute à certains mets une feuille de laurier, ou une branche de thym ou de sarriette.

210. Plantes dont on mange les tiges, les fleurs, les graines.

— Vous connaissez bien les *poireaux* (fig. 205),

Fig. 205.
Poireau.

les *oignons*, que l'on mange seuls, ou bien que l'on ajoute à certains aliments pour leur donner plus de saveur; l'*ail* et l'*échalote*, qui servent d'assaisonnement : le poireau, l'oignon, l'ail, l'échalote sont des tiges ou des gonflements des tiges.

Voici une plante qui a l'air d'être une racine, parce qu'il faut l'aller couper en terre : c'est l'*asperge*. On en mange les jeunes pousses avant qu'elles soient développées ; elles sont alors très tendres, et leur extrémité est couverte de petites écailles vertes ou violettes.

Quelques végétaux nous fournissent leurs fleurs avant qu'elles soient complètement épanouies : citons seulement le *chou-fleur* et l'*artichaut*.

Quant aux plantes dont nous mangeons les graines, elles sont bien connues : citons les *haricots*, les *pois*, les *lentilles*, les *fèves ;* nous en parlerons plus tard.

---

210. — *Citez quelques plantes dont on mange les fleurs, les tiges, les graines.*

211. Le jardin potager. — Tous les légumes dont il vient d'être question peuvent être cultivés dans les champs ; mais le plus souvent ils le sont dans le *jardin potager* ; ce jardin est généralement situé tout près de la maison d'habitation.

Du matin au soir, le jardinier est occupé à bêcher, à ratisser, à semer, à planter, à arroser, à sarcler. Aussi le jardin, bien cultivé, bien soigné, fournit des récoltes abondantes et variées.

Nous avons déjà cité les principaux travaux qu'il convient d'exécuter dans le jardin ; ces travaux s'appliquent surtout au jardin potager ; ils doivent être faits avec beaucoup de soin, et au moment convenable ; à telle époque, en effet, le jardinier doit fournir tel ou tel légume, de préférence à tel autre.

212. Les principaux légumes. — Disons quelques mots des principaux légumes ; en premier lieu vient le *chou*; on cultive des *choux pommés* et des *choux-fleurs*. Les choux pommés sont ainsi appelés parce que les feuilles se recouvrent les unes les autres, et forment comme une grosse pomme, parfois très serrée ; on en connaît plusieurs variétés : les *choux cabus* (fig. 206), dont les feuilles sont lisses; les *choux de Milan*, ou *choux frisés*, et les *choux de Bruxelles* (fig. 207), dont la tige, assez élevée, porte de petites pommes.

---

211. — *Qu'est-ce que le jardin potager? A quels travaux s'occupe le jardinier?*

212. — *Parlez des diverses espèces de choux, de salades ; des carottes, des radis.*

Quant aux *choux-fleurs*, vous savez qu'ils se distinguent par la masse de leurs fleurs, très développées quand ils sont jeunes; les meilleurs ont une pomme blanche, très serrée.

On sème les choux en pépinière, dans un terrain bien meuble et bien fumé; quand les jeunes choux ont une tige de la grosseur d'un crayon, on les arrache, et on les *repique*.

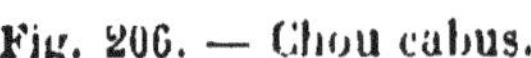

Fig. 206. — Chou cabus.

Fig. 207. — Chou de Bruxelles.

Les principales salades sont la *laitue* et la *chicorée*. La laitue comprend plusieurs variétés; les principales sont la *laitue pommée*, dont la pomme est aplatie, et la *romaine*, dont la pomme est allongée; la laitue se sème en pépinière, comme le chou; on la repique dans une terre bien meuble et bien fumée.

Vous connaissez deux variétés de *chicorées* : la *chicorée frisée* dont les feuilles sont très divisées, et la *scarole*, dont les feuilles sont plus larges.

Ces deux espèces de salades se sèment en pépinière; quand les plantes sont assez développées, on les lie, pour que l'intérieur blanchisse. Il faut avoir soin de ne pas arroser les pommes : l'eau, en pénétrant à l'intérieur, pourrait les faire pourrir.

Les *carottes* se sèment en place ; quelquefois on mêle à la graine de carotte des graines de laitues ; celles-ci lèvent rapidement, les jeunes plantes sont enlevées de bonne heure, et les carottes peuvent se développer. Il y a des carottes dont la racine est très longue, et d'autres qui l'ont courte.

Les *radis* se sèment comme les carottes ; il faut les arroser fréquemment ; le plus souvent, on peut les arracher un mois après qu'ils ont été semés.

213. La tomate; le melon. — La *tomate*, dont le fruit a la forme d'une pomme de couleur rouge, est aussi un légume ; elle a besoin de soins particuliers. On la sème sur

Fig. 208. — Melon.

une couche de fumier, que l'on recouvre d'un châssis ; quand elle est assez forte, on la transplante ; les pieds de tomate ont besoin d'un tuteur.

Le *melon* (fig. 208) dont le fruit est si savoureux, craint beaucoup le froid ; aussi, dans les pays où la température n'est pas assez élevée, on est obligé de se servir de *châssis* et de *cloches* de verre, sous lesquels la chaleur se concentre.

213. — *Qu'est-ce que la tomate? le melon? Comment les cultive-t-on ?*

214. Conservation des légumes. — Beaucoup de légumes se mangent frais : c'est ce qui se produit pour les salades, l'oseille, les épinards. Il ne saurait être question de les conserver, car les feuilles pourriraient.

On peut cependant conserver les choux pendant l'hiver : on les arrache et on les dépose dans un lieu frais, ou bien on les aligne sur la terre, les uns à côté des autres, et on les recouvre d'un peu de paille pour les préserver de la neige.

Quant aux carottes, aux navets et aux panais, on en coupe les feuilles et même la partie supérieure, le *collet*, et on les met à la cave ou dans un endroit frais ; on peut ainsi en consommer tout l'hiver et en conserver jusqu'au moment de la récolte nouvelle.

On arrache l'oignon, l'ail, l'échalote, quand ils sont mûrs, ce dont il est facile de se rendre compte : les tiges se dessèchent et meurent. On laisse quelques jours ces légumes sur le sol, puis on les rentre, et on les étend dans un endroit bien sec, au grenier par exemple.

Ajoutons que, grâce à divers procédés employés dans l'industrie, il est possible de conserver des asperges, ainsi que d'autres légumes, dans des boîtes ou des vases de verre, fermés hermétiquement, de façon que l'air n'y puisse pas pénétrer.

214. — *Comment conserve-t-on les principaux légumes : choux, carottes, oignons, etc. ?*

TRENTE-TROISIÈME LEÇON

LA POMME DE TERRE. — LES HARICOTS, ETC.

215. La pomme de terre. — De tous les légumes, le plus répandu est certainement la *pomme de terre*; elle joue un grand rôle dans l'alimentation des animaux domestiques, et particulièrement dans celle de l'homme. A la cuisine, on la prépare de bien des façons : vous avez certainement mangé des pommes de terre *frites* ou *sautées*, des pommes de terre *en robe de chambre*, des *ragoûts*, de la *purée* de pomme de terre.

Elle nous rend tellement de services qu'elle est cultivée partout : il n'est pas rare de voir des champs

A MONTRER. — 1° *Tableaux et images* : Pied de pommes de terre, montrant les tubercules; — fleurs et fruits de pommes de terre; — récolte des pommes de terre à la charrue; — pieds de haricots : à rames, — sans rames; — pied de pois. — 2° *Objets*: Pomme de terre : tubercule, — fleur, — fruit; — haricot : fleur, — gousse, — graine; — pois; — lentilles; — haricots, pois, lentilles décortiqués.

EXPÉRIENCES A FAIRE. — 1° Faire distinguer, dans une pomme de terre, les yeux et les bourgeons.

2° Mettre une pomme de terre dans de la mousse humide; montrer comment elle se développe.

3° Comparer le tubercule et le fruit de la pomme de terre.

entiers de pommes de terre. Pour beaucoup de gens, elle constitue la principale nourriture ; aussi l'a-t-on appelée le *pain du pauvre*.

La pomme de terre est originaire de l'Amérique ; les Espagnols la rapportèrent du Pérou vers le milieu du xvie siècle ; les Anglais la trouvèrent dans l'Amérique septentrionale et la transportèrent en Angleterre ; depuis lors, elle se répandit dans toute l'Europe.

Mais pendant longtemps, les hommes ne voulurent pas en faire usage ; on disait que c'était un mauvais aliment, qu'elle était nuisible à la santé.

C'est seulement à la fin du xviiie siècle, qu'un Français, nommé Parmentier, parvint, grâce à des efforts persévérants, à la faire accepter en France, comme plante alimentaire.

216. Comment se développe la pomme de terre. — Voici une pomme de terre ; examinons-la ; nous y voyons de nombreux petits trous, au fond desquels se montrent de petits renflements analogues à des bourgeons.

Mettons cette pomme de terre dans un vase de verre contenant de la mousse humide. Au bout de quelques jours, nous verrons sortir de chaque trou une petite tige qui s'élèvera dans l'air et produira des feuilles ; la pomme de terre *germe.* En la laissant encore dans la mousse humide, nous pourrons également voir des racines se former à chaque petite tige, et s'enfoncer dans la mousse.

Lorsque les pousses et les racines auront atteint un certain développement, enlevons la pomme de terre; nous remarquons qu'elle est moins ferme que quand nous l'avons mise dans la mousse. Qu'est-ce que cela prouve? C'est qu'une partie de ce qu'elle contenait a servi à former les racines, les pousses et les feuilles.

217. La pomme de terre n'est pas une racine. — La pomme de terre que nous avons mise dans la mousse est-elle une racine?

Remplaçons-la par une carotte, un navet, un radis? Est-ce que ces plantes, qui sont des racines, produiront de nouvelles tiges sur divers points de leur surface? Pas le moins du monde. La pomme de terre n'est donc pas une racine, analogue à ces dernières; du reste elle a des bourgeons, et les racines n'en ont pas; c'est seulement dans les tiges qu'on en rencontre; lorsque ces tiges se trouvent dans des conditions favorables, les bourgeons se développent: c'est exactement la même chose pour la pomme de terre.

La pomme de terre que nous mangeons n'est pas une racine; c'est une portion de tige qui s'est renflée: on dit que c'est un *tubercule*.

218. Culture de la pomme de terre. — Et pourtant,

217. — La pomme de terre n'est pas une racine : pourquoi?
218. — Comment cultive-t-on la pomme de terre? Pourquoi butte-t-on les pieds de pomme de terre?

la pomme de terre se trouve dans la terre : comment expliquer cela ? Si on met une pomme de terre dans la terre, elle se développe absolument comme dans la mousse humide.

Aussi on ne sème pas des graines; au printemps, quand les gelées ne sont plus à craindre, on prend des tubercules de grosseur moyenne; dans un terrain bien labouré, on les plante, soit à la bêche, soit à la charrue à une profondeur de cinq à dix centimètres; on les espace d'environ quarante à cinquante centimètres, afin de permettre à la plante de se développer sans difficulté.

Chaque tubercule donne naissance à plusieurs tiges qui produiront des feuilles, des fleurs et des fruits, en même temps que des racines s'enfonceront dans le sol.

Fig. 209. — Pied de pommes de terre montrant les tubercules; — fleurs et fruits.

Mais, chose curieuse, du pied de chaque tige partent des pousses qui, au lieu de s'élever, s'enfoncent comme les racines; ce sont donc des tiges souterraines sur lesquelles on voit apparaître, au bout d'un certain temps, des renflements qui ne sont autre chose que les pommes de terre (fig. 209).

Outre les binages, que l'on donne à la terre pour

enlever les mauvaises herbes, la culture des pommes de terre demande encore une opération très importante. Puisque le pied de chaque tige produit des pousses souterraines, il y a avantage à mettre tout autour une certaine quantité de terre ; de cette façon, les pousses se développeront plus facilement.

Pour y parvenir, on *butte* les pommes de terre, soit à la pioche, soit à la charrue, c'est-à-dire qu'on entasse la terre, qu'on en fait une espèce de petite butte autour de chaque pied de pommes de terre.

219. Récolte des pommes de terre. — Pendant toute la belle saison, les pommes de terre continuent à se développer ; les tubercules grossissent de plus en plus ; bientôt on voit apparaître des fleurs, puis des fruits semblables à une petite pomme verte, de la grosseur d'une cerise.

Ce n'est pas le moment de récolter les pommes de terre ; la récolte se fait seulement à l'automne, lorsque les feuilles se fanent et tombent, que les tiges se dessèchent. On choisit un temps sec, et on les arrache, soit à la pioche ou à la bêche, soit à la charrue ; il est bon de les laisser un jour ou deux dans le champ, exposées à l'air. Puis on les met dans des sacs, et on les rentre, soit à la cave, soit dans le cellier : il faut que la pièce où on les conserve ne soit ni claire, ni humide ; autrement les pommes de terre germeraient et ne seraient pas bonnes à manger.

------

219. — *Quand et comment récolte-t-on les pommes de terre ?*

220. Les haricots. — Les *haricots* (fig. 210), ainsi du reste que les *pois*, les *lentilles*, sont des plantes dont on mange les graines. Ces graines sont contenues dans une enveloppe qu'on appelle *gousse* ou *cosse*.

On distingue deux variétés principales de haricots : les haricots *nains*, et les haricots dont la tige, très longue, a besoin d'être soutenue au moyen de petites perches nommées *rames*.

Fig. 210. — Tige de haricot.

Quelle que soit la variété, qu'il s'agisse de haricots nains ou à rames, ils produisent, pour la plupart, principalement quand ils sont jeunes, des gousses tendres que l'on peut manger ; on n'attend pas que les graines s'y développent ; on les cueille et on les consomme sous le nom de *haricots verts*.

Les haricots se sèment au printemps ; on creuse des trous peu profonds, et distants de trente centimètres ; dans chaque trou, on met cinq ou six grains que l'on recouvre de deux à trois centimètres de terre.

Lorsque les haricots sont levés, on leur donne plusieurs binages ; on ramène aussi la terre autour de chaque pied, afin de former un léger buttage, et, au besoin, on plante les rames.

220. — *Qu'est-ce que les haricots? Y en-a-t-il plusieurs espèces? Qu'appelle-t-on haricots verts? Comment cultive-t-on les haricots?*

On récolte les haricots au mois de septembre. On peut les *écosser*, ou les battre pour en faire sortir les grains, mais il est préférable de les laisser dans leurs cosses; on arrache les pieds, on en fait des poignées qu'on lie et qu'on suspend dans un endroit sec; on les *écosse* au moment de les utiliser.

221. Les pois; les lentilles. — Les *pois*, comme les haricots, produisent des gousses remplies de graines comestibles. En général, on n'attend pas que ces graines soient mûres; on cueille les gousses, on enlève les graines vertes et tendres, et on a des *petits pois*, qu'on assaisonne de différentes manières, et qui constituent un mets recherché.

Les pois se sèment au printemps, en ligne, dans un terrain bien cultivé; quand les tiges se développent, on plante des rames, autour desquelles elles s'enroulent; il existe aussi des pois nains, pour lesquels on n'a pas besoin de rames.

On cultive principalement les pois pour avoir des *petits pois*; cependant on en laisse mûrir et sécher une grande partie, dont on mange les graines en hiver; les pois secs sont moins recherchés que les petits pois.

Les *lentilles* constituent aussi un excellent légume; elles sont, du reste, très nourrissantes, quoique un peu indigestes; chaque gousse ne contient que deux graines

---

221. — Qu'est-ce que les pois? Comment les cultive-t-on? Qu'est-ce que les petits pois? Qu'est-ce que les lentilles? Comment les cultive-t-on?

dont la forme est bien connue. On les récolte quand elles sont mûres, et on les bat, comme les haricots.

Dans certains pays, en Angleterre, par exemple, on n'utilise les haricots, les pois et les lentilles qu'après en avoir enlevé l'enveloppe : de cette façon, ils cuisent plus rapidement et sont plus faciles à digérer.

TRENTE-QUATRIÈME LEÇON

LE GRENIER. — LA CAVE. — LA GRANGE. LE CELLIER

222. Conservation des récoltes. — Le blé et toutes les céréales que l'on cultive dans les champs, ne peuvent pas être consommés aussitôt la récolte; il faut les conserver, pour les utiliser au fur et à mesure des besoins. Le vin, produit par le raisin, a également besoin d'être conservé. Quant aux fruits, la plupart se mangent frais, c'est-à-dire aussitôt, ou quelques jours après qu'ils ont été cueillis; cependant quelques-uns comme les noix et les châtaignes peuvent se conserver très longtemps; il en est de même des pommes et des poires, à la condition qu'on prenne bien des précautions. Enfin les légumes se mangent frais; il en est pourtant plusieurs comme les carottes, les navets, les pommes de terre, les haricots, que l'on peut conserver jusqu'à la récolte suivante, et souvent même plus longtemps.

A MONTRER. — 1° *Tableaux et images* : Grenier; — cave; — grange; — cellier; — fruitier. — 2° *Objets* : Fruits conservés; raisins secs, — pruneaux, — poires.

Ainsi, la plupart des récoltes fournies par les champs ou par les jardins peuvent se conserver; il faut, pour cela, les enfermer dans des locaux aménagés à cet effet; tels sont le grenier, la cave, la grange, le cellier, le fruitier.

223. Le grenier. — Qu'est-ce que le *grenier?* C'est la partie de la maison, située tout en haut, au-dessous du toit.

En général, la maison, à la campagne, n'a qu'un rez-de-chaussée; le grenier est placé immédiatement au-dessus; parfois elle a un étage. Assez souvent, on aménage dans le grenier des *chambres mansardées.*

Le grenier est pourvu de *lucarnes* et d'ouvertures qui viennent jusqu'au niveau du plancher; ces ouvertures n'ont pas de fenêtres; elles se ferment au moyen de volets.

Cette disposition, ainsi que la situation du grenier sous le toit, est cause qu'il y fait très chaud en été, et très froid en hiver; en outre, rien n'empêche l'humidité d'y pénétrer.

Dans ces conditions, il paraît assez difficile d'y conserver des récoltes. Néanmoins, le cultivateur y dépose les grains des céréales, après que celles-ci ont été battues; il y place les haricots et les lentilles, et, en général, tous les légumes secs qui ne craignent pas l'humidité.

Dans beaucoup de maisons, à la campagne, il n'y a ni cellier, ni fruitier. Les paysans se servent alors du grenier : ils y conservent les oignons, les ails, les échalotes, et aussi certains fruits, les pommes, les poires qu'ils posent sur de la paille, et les raisins qu'ils accrochent aux chevrons du toit.

Lorsqu'on conserve du blé en tas dans le grenier, il convient de le remuer souvent, afin de le préserver des attaques d'un petit insecte, le *charançon*, qui y causerait de grands dégâts.

224. La cave. — Si le grenier est placé à la partie supérieure de la maison, la *cave* est située en dessous, dans la terre, sous le rez-de-chaussée (fig. 211).

Le plafond est généralement en forme de voûte ; la cave ne communique avec le dehors que par une ou deux petites ouvertures, qu'on nomme des *soupiraux* ; de cette façon, elle est à l'abri des variations de température. Si elle avait de grandes fenêtres, comme le grenier, il y ferait trop chaud en été et trop froid en hiver ; il n'en est rien, et la cave conserve toujours la même température.

Mais, par contre, elle est souvent humide, ce qui empêche d'y conserver certains produits de la récolte.

C'est dans la cave que l'on conserve le vin, soit en

fûts, soit en bouteilles. On y remarque, dans le sens de la longueur, deux grosses pièces de bois, semblables à des poutres, et disposées parallèlement : ce sont les *chantiers*, sur lesquels on place les fûts de vin ; quant aux bouteilles, on les entasse sur un *porte-bouteilles*, généralement disposé contre le mur.

Dans la cave, on conserve encore, du moins pendant quelque temps, les légumes verts, tels que les salades, les choux. On y place également la récolte de pommes de terre et de carottes, qui n'a à y craindre ni un excès de chaleur, ni un excès de froid.

Fig. 211. — Cave.

225. La grange. — En parlant du blé et des autres céréales, nous avons dit que, la moisson terminée, on les rentre dans la *grange*. Qu'est-ce donc que la *grange?* c'est le bâtiment destiné à conserver les grains en gerbes, et la paille lorsqu'ils ont été battus ; souvent aussi, on y conserve le foin (fig. 212).

A la campagne, chaque maison de paysan n'a pas toujours une grange ; en général, on ne la trouve que

225 — *Qu'est-ce que la grange? Comment est-elle construite? Qu'est-ce que l'aire? Que conserve-t-on dans la grange?*

dans les fermes ou chez les cultivateurs de quelque importance.

Fig. 252. — Grange.

Comment est-elle construite ? Il est nécessaire qu'elle soit haute, afin qu'on puisse y entasser un grand nombre de gerbes sans occuper une grande surface ; il faut aussi que les voitures chargées de foin, de blé, ou de toute autre récolte, puissent y pénétrer sans difficulté.

Le milieu de la grange reste libre : c'est l'*aire*, sur laquelle le paysan bat le blé ou les autres céréales. De chaque côté sont entassées les gerbes. Souvent une espèce de plancher a été établi à une certaine hauteur ; ce plancher est destiné à recevoir le foin, qu'on évite ainsi de mélanger aux autres récoltes.

Souvent aussi le foin et même les céréales sont conservés dans le *grenier à foin*, ou *fenil*, situé au-dessus des écuries ou des étables ; cette disposition permet de jeter directement dans les râteliers le foin, la paille ou autres produits destinés à la nourriture des bestiaux.

226. Le cellier. — Pour conserver les produits du jardin, il importe d'avoir une pièce spéciale : c'est le *cellier*.

Le *cellier* (fig. 213) est une chambre placée au rez-de-chaussée, afin qu'on puisse y entrer ou en sortir sans difficulté.

Il importe qu'il ne soit pas dans le sol, comme la cave ; le cellier, en effet, ne doit pas être humide. Aussi, on l'établit sur un terrain sec ; les murs de la chambre sont aussi épais que possible. Il importe qu'il soit bien

<hr>

226. — *Qu'appelle-t-on cellier ? Où doit-il être établi ? Qu'y conserve-t-on ?*

aéré ; à cet effet, on y pratique une ou plusieurs ouvertures, généralement tournées du côté du nord.

Fig. 213. — Cellier.

C'est dans le cellier qu'on conserve les légumes secs, haricots et lentilles ainsi que les oignons, les ails et

les échalotes ; on ne les porte au grenier que quand l'habitation n'a pas de cellier. Dans le cellier on dépose aussi les pommes de terre, les carottes, les navets ; de cette façon on les a sous la main au moment de s'en servir. C'est là également qu'on conserve les fruits, pommes, poires, raisin, quand la maison n'a pas de fruitier.

On y dépose même du bois, destiné au chauffage : le cellier tient alors lieu de *bûcher*. On peut donc dire qu'on y renferme des provisions de toutes sortes.

Dans le cellier, on met également du vin. Sans doute les tonneaux, les bouteilles restent à la cave ; mais on peut avoir dans le cellier le tonneau auquel on tire la boisson journalière ; on peut aussi y avoir un certain nombre de bouteilles de vin ; on s'évite ainsi la peine de descendre à la cave à tout moment.

227. Le fruitier. — La plupart des fruits, avons-nous dit, se mangent au plus tard quelques jours après qu'on les a cueillis, autrement ils pourriraient. Cependant, les abricots et les pêches, bien séchés, après qu'on a enlevé le noyau, peuvent se conserver longtemps ; les prunes, séchées au four, donnent des *pruneaux*.

Les autres fruits peuvent se conserver pendant plusieurs mois, si on prend certaines précautions indispensables : pour les conserver, il faut un *fruitier*.

Dans une maison à la campagne, le *fruitier* n'est pas

227. — *Qu'est-ce que le fruitier? Où et comment doit-il être établi?*

absolument indispensable, surtout si cette maison a un cellier; on peut même conserver les fruits au grenier; mais, à bien des points de vue, un fruitier est préférable.

On choisit, autant que possible, une chambre exposée au nord, sans humidité; les ouvertures seront petites et fermées avec des volets pleins, de façon qu'elle soit un peu sombre; de temps en temps, on ouvrira, afin d'aérer.

Des tablettes sont établies le long des murs; parfois on les recouvre de paille. Les fruits, tels que les pommes et les poires, sont disposés sur ces tablettes, à côté les uns des autres, de façon que l'air puisse circuler librement. De temps en temps, on regarde s'il y a des fruits pourris que l'on retire.

Ainsi, grâce au fruitier, on peut manger en hiver, et même au printemps, des fruits excellents qu'on a récoltés à l'été ou à l'automne.

TABLE DES MATIÈRES

DEUXIÈME PARTIE

Végétaux.

HENRY PAULIN et Cie, LIBRAIRES-ÉDITEURS

21, RUE HAUTEFEUILLE, PARIS (6e)

ENSEIGNEMENT SECONDAIRE

Ouvrages conformes aux programmes du 31 mai 1902

CLASSES PRIMAIRES. — CLASSES ÉLÉMENTAIRES. — **Lectures courantes.**
Recueils élémentaires de morceaux choisis, par A. BAROT, professeur au lycée Montaigne. 4 vol. in-18, avec gravures, cartonnés à
l'anglaise.

CLASSE DE PREMIÈRE ANNÉE PRÉPARATOIRE. 1 vol. 4e *édit.* . . . 1 fr. 50
CLASSE DE DEUXIÈME ANNÉE PRÉPARATOIRE. 1 vol. 2e *édit.* . . . 1 fr. 60
CLASSE DE HUITIÈME. 1 vol. 2e *édit.* . . . . 2 fr. »
CLASSE DE SEPTIÈME. 1 vol. . . . . 2 fr. »

CLASSES PRIMAIRES. — CLASSES ÉLÉMENTAIRES. — **Leçons de choses,** par
R. VALETTE, professeur au lycée Buffon. 4 vol. in-18, avec gravures,
cartonnés à l'anglaise.

CLASSE DE PREMIÈRE ANNÉE PRÉPARATOIRE. 1 vol. 3e *édit.* . . . 1 fr. 50
CLASSE DE DEUXIÈME ANNÉE PRÉPARATOIRE. 1 vol. 2e *édit.* . . . 2 fr. »
CLASSE DE HUITIÈME. 1 vol. 2e *édit.* . . . . 2 fr. 25
CLASSE DE SEPTIÈME. 1 vol. 2e *édit.* . . . . 2 fr. 25

CLASSES ENFANTINES. — **Mon premier livre de récitation** *(Recueils
de poésies enfantines)*, par A. VARANGOT, principal de collège. 1 vol.
in-18 avec 16 reproductions photographiques de scènes enfantines.
(Tableaux de maîtres), cartonné, 2e *édit.* . . . . 1 fr. »
LECTURES MORALES *(Classes de quatrième A et B)*, par Gustave
CHATEL, professeur agrégé au lycée de Rennes. 1 vol. grand in-18,
4e *édition*, cartonné à l'anglaise. . . . . 2 fr. 50
LECTURES MORALES *(Classes de troisième A et B)* par LE MÊME.
1 vol. grand in-18, cartonné à l'anglaise. 3e *édition.* . . . 3 fr. »

LANGUES VIVANTES

CLASSES DE SIXIÈME A ET B ET DE CINQUIÈME A ET B. — **Humorous
stories,** par Robert OBRY, professeur au lycée du Havre. un vol.
in-18, avec gravures, cart. à l'anglaise, 3e *édition revue.* . . 1 fr. »

The boy's and girl's own grammar (*Carnet de grammaire*), par Robert Obry. 1 volume in-16 cart., *3ᵉ édition, revue et augmentée, tirée sur papier quadrillé*. . . . . 0 fr. 60

Cartonnage anglais. . . . . 0 fr. 80

CLASSES DU PREMIER ET DU SECOND CYCLES. — **English snapshots** (*A Collection of Newspaper cuttings*), par Lucien LAVAULT, professeur agrégé au lycée Janson de Sailly. 1 vol. in-18, cart. à l'anglaise, *2ᵉ édition corrigée*. . . . . 1 fr. »

PREMIER ET SECOND CYCLES. ENSEIGNEMENT SECONDAIRE DE JEUNES FILLES. — **Our English comrade.** *A book for all forms (Grammaire, vocabulaire, Recueils de poésies et devoirs)*, par L. LAVAULT, professeur agrégé au lycée Janson de Sailly et P. LESTANG, professeur agrégé au lycée de Marseille. 1 vol. in-8º écu, cart. à l'angl., *2ᵉ édition revue*. . . . . 3 fr. 50

CLASSES DE SIXIÈME A ET B. — **The Beginner's Comrade.** par LES MÊMES 1 vol. in-8º, cart. à l'angl . . . . (*Sous presse.*)

CLASSES DU PREMIER CYCLE. — **Mein grammatisches Merkbüchlein,** *Des Schülers und der Schülerin Grammatik (Cahier de grammaire*, par G. DELOBEL. 1 vol. petit in-4º, cart. . . . . . 1 fr. 25

CLASSES DE SIXIÈME A ET B. — **Ich Lerne Deutsch, Ein Bilder- und Lesebuch für Sextaner,** par G. DELOBEL, professeur agrégé au lycée Voltaire. 1 vol. in-18, avec *grav.*, cart. à l'angl. *3ᵉ édit.* . . 1 fr. 80

CLASSES DE CINQUIÈME A ET B. — **Ich Spreche Deutsch. Ein Bilder- und Lesebuch für Quintaner,** par G. DELOBEL, un vol. in-18, avec *gravures*, cart. à l'angl. *2ᵉ édition*. . . . . 1 fr. 80

CLASSES DE QUATRIÈME ET DE TROISIÈME A ET B. — **Deutsche Sprachschule, I Teil** (*Exercices de langage, revision et extension du vocabulaire; vocabulaire abstrait usuel. Grammaire*), par G. DELOBEL. 1 vol. in-4º avec *gravures*, cart. à l'angl. . . . . 2 fr. »

CLASSES DE SIXIÈME ET DE CINQUIÈME A ET B. — PREMIÈRE ET DEUXIÈME ANNÉES (*Enseignement secondaire des jeunes filles*). — **Hilfsbuch für den deutschen Unterricht** (*La classe en allemand. Étude pratique des conjugaisons forte et mixte*), par S. HIRSCH, professeur au lycée de Dijon. 1 vol. in-16, cart. à l'angl. . . . . . . 1 fr. 50

Grammaire espagnole, par H. GAVEL, professeur agrégé au lycée de Bayonne, et E. JOLICLERC, professeur au collège Sainte-Barbe. Avec trois *Tableaux synoptiques des verbes irréguliers des trois conjugaisons*, cartonné à l'anglaise. . . . . 1 fr. 50

PREMIER ET SECOND CYCLES. ENSEIGNEMENT SECONDAIRE DES JEUNES FILLES. — **Nuestro companero madrileño,** *ó metodo para aprender el castellano en los establecimientos de 2ª enseñanza*, par LE MÊME. 1 vol. in-8º écu. . . . . 3 fr. 50

ÉVREUX, IMPRIMERIE CH. HÉRISSEY, PAUL HÉRISSEY.